Werner Freitag
Caroline Dittmar

Musik fachfremd unterrichten

Singen, Musizieren, Bewegen, Musikhören

Die Praxis

1./2. Klasse

Auer Verlag

Gedruckt auf umweltbewusst gefertigtem, chlorfrei gebleichtem
und alterungsbeständigem Papier.

3. Auflage 2013
Nach den seit 2006 amtlich gültigen Regelungen der Rechtschreibung

Illustrationen: Stefanie Aufmuth
Satz: Satzpunkt Ursula Ewert GmbH, Bayreuth
Druck und Bindung: Kessler Druck + Medien, Bobingen
CD/DVD-Pressung: optimal media production GmbH, Hamburg
ISBN 978-3-403-**06452**-7

www.auer-verlag.de

Inhalt

Inhalt

Einführung

Musik fachfremd unterrichten – Die Praxis stellt Ihnen eine Fülle erprobter und bewährter Unterrichtsmaterialien für die Klassen 1 und 2 zur Verfügung.
Ausgehend von dem elementaren Bedürfnis der Schüler[1] nach Bewegung, nehmen Singen und Liedbegleitung in diesem Arbeitsbuch einen breiten Raum ein.
Das Musizieren auf Rhythmusinstrumenten, Boomwhackers und Stabspielen wird vom einstimmigen Spiel bis zu mehrstimmigen Begleitsätzen allmählich und aufbauend entwickelt und gibt Ihren Schülern den notwendigen Spielraum, mit Erfolg zu lernen. Das Hören und Untersuchen von Musik und das Kennenlernen von Instrumenten wird sorgsam angebahnt. Das Notieren von Musik hat dienende Funktion und wird in verschiedenen Varianten über das Musizieren entwickelt.

Diese Umgangsweisen werden Sie im Unterricht selbstverständlich parallel einsetzen.

- Die Materialien können Sie für komplette Unterrichtsstunden, aber auch in Teilen als Auflockerung des Unterrichts zwischendurch einsetzen. Sie sind, wo immer es angezeigt ist, aufbauend organisiert.

- Die Jahrespläne für die Klassen 1 und 2 sind so gestaltet, dass von ca. 30 bis 35 Unterrichtsstunden pro Jahr ausgegangen wird. Die Aufteilung der Themen und ihre Zuordnung zu Quartalen orientieren sich am Schuljahr und lassen genügend Freiraum für die besondere Situation an Ihrer Schule.

- Die didaktisch-methodischen Hinweise zu den wichtigen Bereichen des Musikunterrichts stellen die in den einzelnen Stundenbildern vorgeschlagenen Tipps noch einmal im Zusammenhang dar.

- Das Musiklexikon erklärt Ihnen die nicht immer geläufigen musikalischen Ausdrücke in verständlicher Sprache.

- Die zugehörige CD enthält alle für den Unterricht notwendigen Tonbeispiele.

[1] **Hinweis:** Aus Gründen der besseren Lesbarkeit wird für die Bezeichnung von männlichen und weiblichen Mitgliedern der Personengruppe Lehrer bzw. Schüler stets die männliche Bezeichnung gewählt.

A Ausgearbeitete Unterrichtsstunden

1. *Wir gehen jetzt im Kreise* – ein Bewegungslied

Vorbemerkungen:
„Wir gehen jetzt im Kreise“ gehört zu den neueren Bewegungsliedern, deren Bewegungen sich aus dem Text ergeben. Das Lied ist sowohl dazu geeignet, Schüler vorgegebene Bewegungen ausführen zu lassen (Strophen 4 bis 6) als auch in geschlossener Formation zu tanzen.

Methodische Tipps	**Zeit**	**Medien**
Singen		
• L animiert S, wie Pferde zu stampfen, wie Katzen zu schleichen und wie Riesen zu schlafen. • Einzelne S machen dies vor. • L singt die Melodie mit dem Text der 4. Strophe vor oder benutzt dazu die CD. • Alternative: L spielt den Anfang auf Xylofon vor. • S singen zeilenweise nach. • Erarbeitung der Strophen 5 und 6	20	TB 1 AB 1 Xylofon
Sich bewegen zu Musik		
• S gehen einzeln zur Musik im Raum umher und stampfen wie Pferde, schleichen wie Katzen und schlafen wie Riesen. • S wiederholen dies und singen dazu. • S stellen sich auf der Kreisbahn auf. Es ist günstig, die Kreisbahn zuvor zu markieren. • L singt 1. Strophe vor, S singen nach. • S gehen, rechts beginnend, gegen den Uhrzeigersinn auf der Kreisbahn und singen dazu. • L trägt 2. Strophe vor, S singen nach. • L macht das Trippeln in kleinen Schritten vor. • S gehen von der Kreisbahn aus mit Trippelschritten zur Mitte. • L singt 3. Strophe, S singen nach. • S gehen im Rückwärtsgang auf Zehenspitzen zur Kreisbahn zurück.	20	TB 1

Wir gehen jetzt im Kreise

Text: Lore Kleikamp, Musik: Detlev Jöcker

2. Wir machen kleine Schritte
und trippeln in die Mitte.
So machen wir, so machen wir
kleine Schritte.

3. Nun wollen wir rückwärts gehen,
ganz hoch auf unseren Zehen.
So wollen wir, so wollen wir
rückwärts gehen.

4. Wir stampfen wie die Pferde.
Es zittert schon die Erde.
So stampfen wir, so stampfen wir
wie die Pferde.

5. Wir schleichen wie die Katzen
auf ihren weichen Tatzen.
So schleichen wir, so schleichen wir
wie die Katzen.

6. Wir schlafen wie die Riesen.
Mh mh mh mh mh mh mh.
Doch plötzlich, doch plötzlich
müssen wir niesen.
(Alle: Hatschi!)

Aus: Buch, CD, MC: 1, 2, 3 im Sauseschritt
© Menschenkinder Verlag, 48157 Münster

2. *Das wilde Tier* – ein Bewegungslied

Vorbemerkungen:
Dieses einfache und vielen bekannte Bewegungslied ist gut geeignet für einen großen Raum, die Turnhalle oder das Außengelände, kann aber auch im Klassenzimmer gesungen und gespielt werden.

Gestaltung des Bewegungsliedes:
Zuerst wird ein Kind ausgewählt, welches das „wilde Tier" spielt. Während alle anderen Kinder die Augen schließen, versteckt sich das wilde Tier. Dann singen die Schüler das Lied. Bei „... um zwölf, da kommt's!" springt das wilde Tier aus dem Versteck und versucht, ein Kind zu fangen. Das gefangene Kind wird dann das nächste wilde Tier.

Methodische Tipps	Zeit	Medien
Hören		
• L flüstert den S den Text des Liedes im Rhythmus akzentuiert vor. • S sprechen den Text mehrfach nach. • L singt das Lied vor oder lässt es von der CD anhören.	10	TB 2 AB 2
Singen		
• S singen das Lied mit. • Wenn S das Lied beherrschen, wird das Lied ab der Textzeile „... um eins kommt's nicht" mit crescendo (= immer lauter werden) gesungen, um eine größere Spannung aufzubauen. (Vorsicht: Am Ende nicht zu laut!)	5	TB 2
Spielen		
S begleiten während des Singens das Lied mit körpereigenen Instrumenten: • abwechselnd im Metrum auf die Oberschenkel patschen und in die Hände klatschen. • auf Zählzeit 1 patschen, Zählzeit 2 klatschen, Zählzeit 3 schnipsen und Zählzeit 4 wieder klatschen.	10	
• S spielen das Bewegungslied. • Während die S das Lied singen, können sie in einer Kette (= hintereinander gehen und die Hände auf die Schultern des Vordermannes legen) im Kreis gehen oder eine Schlange bilden (= nebeneinander stehend die Hände des Nachbarn fassen) und in der Zeit natürlich nach dem wilden Tier Ausschau halten.	15	
Fächerübergreifender Unterricht		
• Im Kunstunterricht thematisieren, was die S sich unter einem „wilden Tier" vorstellen. • S malen das „wilde Tier".		

AB 2

TB 2

Wir woll'n einmal spazieren geh'n

Überliefert

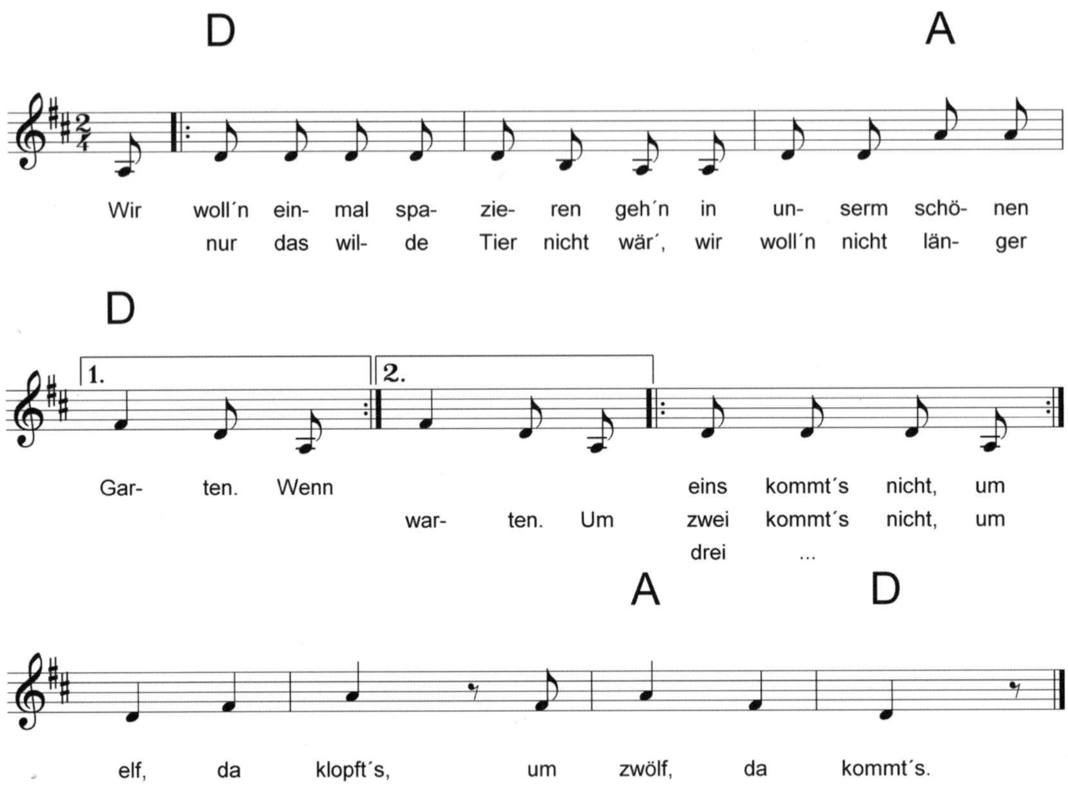

3. Zwei lange Schlangen – ein Bewegungslied

Vorbemerkungen:
In dem bekannten Lied des „Trios Kunterbunt“ wird die Freundschaft zweier Schlangen mithilfe beider Hände szenisch dargestellt.

Bewegungen:
Strophe 1:
Hände sind hinter dem Rücken versteckt. Die erste Schlange wacht auf und kommt hinter dem Rücken hervor. Bei „olala“ bewegt sich der Schlangenkopf nach vorne und zischt mit einem weit aufgerissenen Maul dreimal „ksss“.
Strophe 2:
Nun kommt die zweite Schlange hinzu. Beim Refrain bewegen sich beide Schlangenköpfe zweimal zur einen Seite und zischen, dann zur anderen Seite.
Strophen 3 bis 8:
Die Schlangengeschichte wird weitererzählt und mit den Händen dargestellt.
In der letzten Strophe wird im Refrain das „ksss“ durch ein leises „psst“ ersetzt, und die Schlangen verstecken sich wieder hinter dem Rücken.

Methodische Tipps	**Zeit**	**Medien**
Sprechen über Musik		
• S hören sich das Lied an. • S sprechen über den Liedtext und die Begriffe werden geklärt (z. B. querfeldein). • Gespräch über das Thema „Freunde“: Habe ich Freunde? Vertrage ich mich immer mit ihnen? Habe ich vielleicht ein Tier als besten Freund?	10	TB 3 AB 3
Hören und sich bewegen zu Musik		
• S hören die erste Strophe des Liedes. • L führt die Bewegungen vor, S imitieren. • S hören das ganze Lied und ahmen die Bewegungen des L nach.	10	TB 3
Singen		
• S singen das Lied zur CD mit. • Zur Textunterstützung können Schlüsselwörter an die Tafel geschrieben werden. • Im nächsten Durchlauf singen die S mit und bewegen sich dazu.	15	TB 3
• S bearbeiten das AB.	10	AB 3a
Fächerübergreifender Unterricht		
• Das Lied eignet sich auch für das Thema „Freundschaft“ im Sachunterricht.		

Zwei lange Schlangen

Text: Wolfgang Hering, Bernhard Meyerholz, Melodie: Wolfgang Hering

2. Eine andre Schlange
kommt zufällig vorbei.
Sie sieht die erste Schlange
und ruft ganz einfach: „Hei!"

3. Zwei lange Schlangen,
die schau'n sich richtig an
und jede zeigt, wie schön
sie ihren Kopf bewegen kann.

4. Zwei lange Schlangen,
die schleichen querfeldein
und beide beschließen,
komm, lass uns Freunde sein.

5. Zwei lange Schlangen,
die schwimmen durch den Fluss,
und geben sich am ander'n Ufer
einen dicken Kuss.

6. Zwei lange Schlangen,
die schmusen auch ganz gern
und wenn sie so verschlungen sind,
dann darf man sie nicht stör'n.

7. Zwei lange Schlangen,
die haben auch mal Streit.
Sie beißen sich und kratzen sich,
solang' bis eine schreit.

8. Zwei lange Schlangen,
die schlängeln viel herum
und wenn sie müde sind,
dann dreh'n sie sich zum Schlafen
um.

Zwei lange Schlangen

schlängeln

Freunde

Schlange

Fluss

Kopf

Ufer

querfeldein

verschlungen

zufällig

kratzen

1. Eine kleine ________________ wird früh am Morgen wach.
   Sie räkelt sich und streckt sich, sagt freundlich „Guten Tag“,
2. Eine andre Schlange kommt ________________ vorbei.
   Sie sieht die erste Schlange und ruft ganz einfach: „Hei!“
3. Zwei lange Schlangen die schau’n sich richtig an und jede zeigt, wie schön sie ihren ____________ bewegen kann.
4. Zwei lange Schlangen, die schleichen ________________ und beide beschließen, komm, lass uns ____________ sein.
5. Zwei lange Schlangen, die schwimmen durch den ________, und geben sich am ander’n ________ einen dicken Kuss.
6. Zwei lange Schlangen, die schmusen auch ganz gern und wenn sie so ____________________ sind, dann darf man sie nicht stör’n.
7. Zwei lange Schlangen, die haben auch mal Streit.
   Sie beißen sich und ________________ sich, solang’ bis eine schreit.
8. Zwei lange Schlangen, die ________________ viel herum und wenn sie müde sind, dann dreh’n sie sich zum Schlafen um.

O-la-la-la, o-la-la-la
ksss, ksss, ksss.
O-la-la-la, o-la-la-la
ksss, ksss, ksss.

4. *Zwanzig Zwerge üben Handstand* – Erleben des 3er-Taktes

Vorbemerkungen:
Der zungenbrecherähnliche Vers bereitet Schülern sehr viel Freude. Der komplizierte Text, der unbequeme 3er-Takt sowie die eingestreuten Pausen bereiten den Schülern regelmäßig Schwierigkeiten.

Methodische Tipps	Zeit	Medien
Sich bewegen zu Musik		
Im Raum: • S gehen zum Handtrommelspiel des L im Metrum durch den Raum. • L betont jeweils die 1 im Takt; S patschen dazu auf die Schenkel.  • S stehen am Platz und übernehmen von der L das Patschen auf 1, das Klatschen auf 2 und das Schnipsen auf 3. • L spricht den Vers, die S begleiten mit Körperinstrumenten. • S sprechen nach und musizieren dazu. • L unterstützt die S durch das Markieren der Pausen mit der Handtrommel.	15	Handtrommel
Musizieren		
• S bekommen Rhythmusinstrumente und werden in die Gruppen „Holz“, „Metall“ und „Fell“ eingeteilt. • Sie spielen auf 1 (Holz), 2 (Metall) und 3 (Fell) ein Metrum im 3er-Takt. • S sprechen dazu den Vers. • Alternative: Eine Gruppe spricht, die anderen spielen.	10	Rh.-Instr.
Hören		
Im Stuhlkreis: • S hören den „Mödlinger Tanz“ von Ludwig van Beethoven. • Sie patschen auf Zählzeit 1 zur Musik. • Sie übernehmen dann das Patschen – Klatschen – Schnipsen (s.o.).	15	TB 4

5. *Imse Wimse Spinne* – ein Bewegungslied

Vorbemerkungen:
Dieses traditionelle Kinderlied ist einfach zu singen und sehr leicht mit passenden Bewegungen zu begleiten. Die deutsche Fassung kann gut bereits mit Erstklässlern gesungen, aber auch mit englischem Text in späteren Jahrgangsstufen eingesetzt werden.

„Imse Wimse Spinne, wie lang dein Faden ist“:
Den Daumen der rechten Hand an den kleinen Finger der linken Hand legen und den kleinen Finger der rechten Hand an den Daumen der linken Hand, anschließendes Handdrehen, sodass der kleine Finger wieder den Daumen trifft (Alternative: Zeigefinger und Daumen gehen am aufgerichteten Arm nach oben).
„Kam der Regen runter …“:
Die Hände von oben abwärts bewegen.
„… und der Faden riss“:
Ruckartige Seitwärtsbewegungen mit beiden Armen ausführen.
„Da kam die Sonne, leckt den Regen auf“:
Einen großen Halbkreis mit den Armen bilden.
„Imse Wimse Spinne klettert wieder rauf“:
Die Finger einer Hand krabbeln wieder am Arm hoch.

Methodische Tipps	**Zeit**	**Medien**
Sprechen über Musik		
• L zeichnet den Beginn eines Spinnennetzes an die Tafel. • S dürfen, wenn sie es erkannt haben, das Spinnennetz erweitern. • L zeichnet eine kleine Spinne in die Mitte des Spinnennetzes und stellt die Spinne vor: „Das ist die kleine Imse Wimse Spinne. Hört einmal, was der Imse Wimse Spinne passiert ist!“	10	
Singen		
• L singt die einzelnen Zeilen des Liedes vor. • S sprechen über den Inhalt. • L singt Melodie vor oder spielt das Lied von der CD ab. • S singen das Lied nach.	10	TB 5
Sich bewegen und singen		
• Wenn die S Melodie und Text beherrschen, zeigt der L die einzelnen Bewegungen und S imitieren diese. • S singen zur CD mit und bewegen sich dazu.	10	TB 5
Hören		
• S hören das Lied und malen das Spinnennetz.	10	AB 4

Methodische Tipps	**Zeit**	**Medien**
Fächerübergreifender Unterricht		
• S stellen sich im Kreis zum Spinnennetzspiel auf. • L wirft ein Wollknäuel zu einem S. Dieser fängt es auf, hält den Faden fest und wirft es dem nächsten S zu, bis alle einen Faden fest (!) in der Hand halten und ein Spinnennetz entstanden ist. • S krabbeln unter dem Netz hindurch oder steigen zu einem anderen S durch das Netz.	15	
• Die englische Version des Liedes kann im Englischunterricht gesungen werden. Englischer Text: Incy Wincy Spider went up the water spout. Down came the rain and washed the spider out. Out came the sun and dried up all the rain. Incy Wincey Spider went up the spout again.		

Imse Wimse Spinne

überliefert

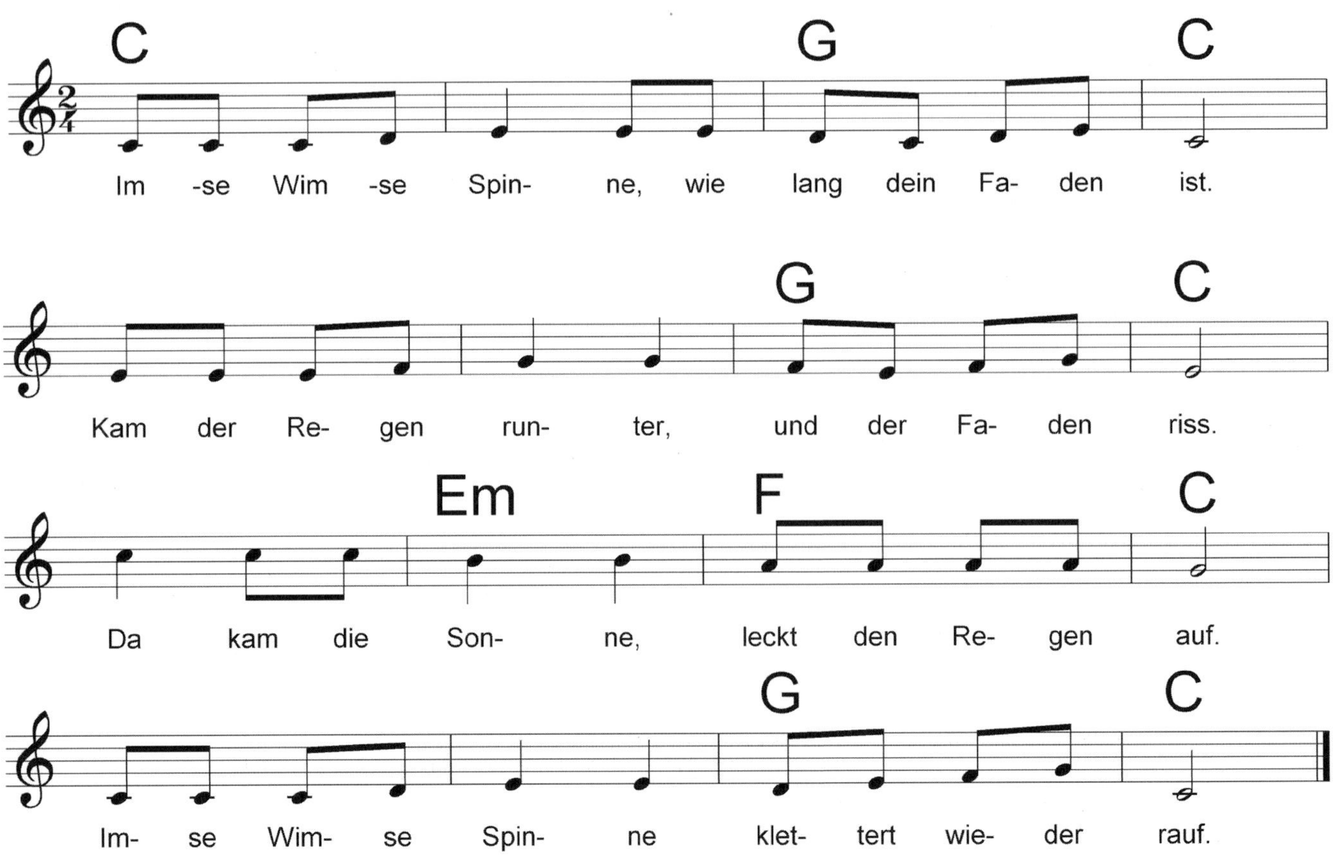

Imse Wimse Spinne

Imse Wimse Spinne, wie lang dein  ________________ ist.

Kam der  ________________ runter und der Faden riss.

Da kam die  ________________ , leckt den Regen auf.

Imse Wimse  ________________ klettert wieder rauf.

Der Regen hat das Spinnennetz weggespült.
Kannst du ein neues Netz malen?

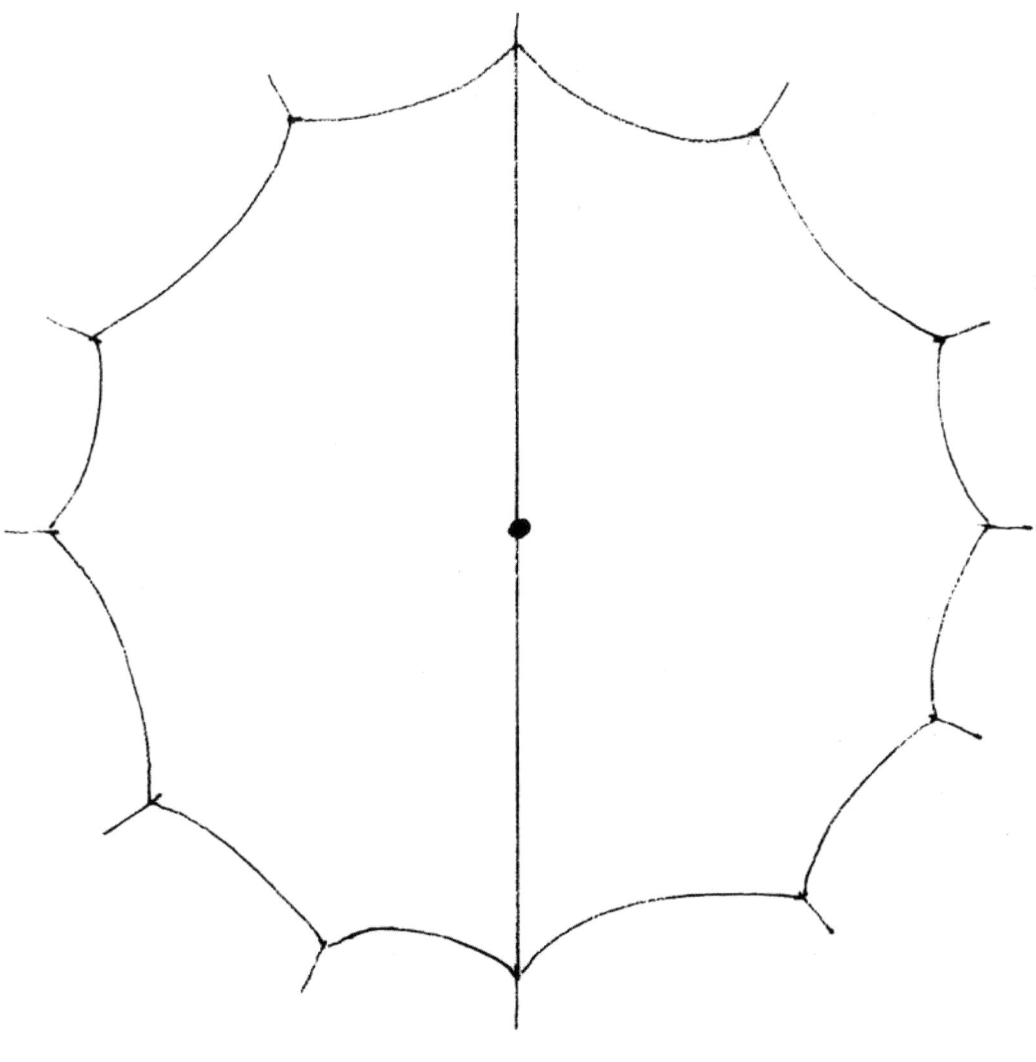

6. *Bei Müllers hat's gebrannt* – ein Spruch für zwischendurch

Vorbemerkungen:
Dies ist ein kurzer Spruch für zwischendurch und zur Entspannung.

Methodische Tipps	Zeit	Medien
Sich bewegen zu Musik		
• L patscht und klatscht nach dem Muster: Patsch links – patsch rechts – patsch links – patsch rechts – klatsch – klatsch – klatsch – Pause. • S lernen diese Abfolge. • L spricht 1. Zeile des Textes zum Patschen und Klatschen der S. • S wiederholen diese Zeile. • L spricht die 2. Zeile. • S wiederholen diese usw.	15	
Musizieren		
• S überlegen, wie sie das Patschen und Klatschen mit Rhythmusinstrumenten verstärken können (zum Beispiel Patschen: Trommel, Klatschen: Klanghölzer). • L teilt S in Musizier- sowie Sprechgruppe. Es folgt die Erarbeitung des gesamten Textes. • Die Gruppen werden beim nächsten Durchgang gewechselt.	15	Rh.-Instr.

Bei Müllers hat's gebrannt

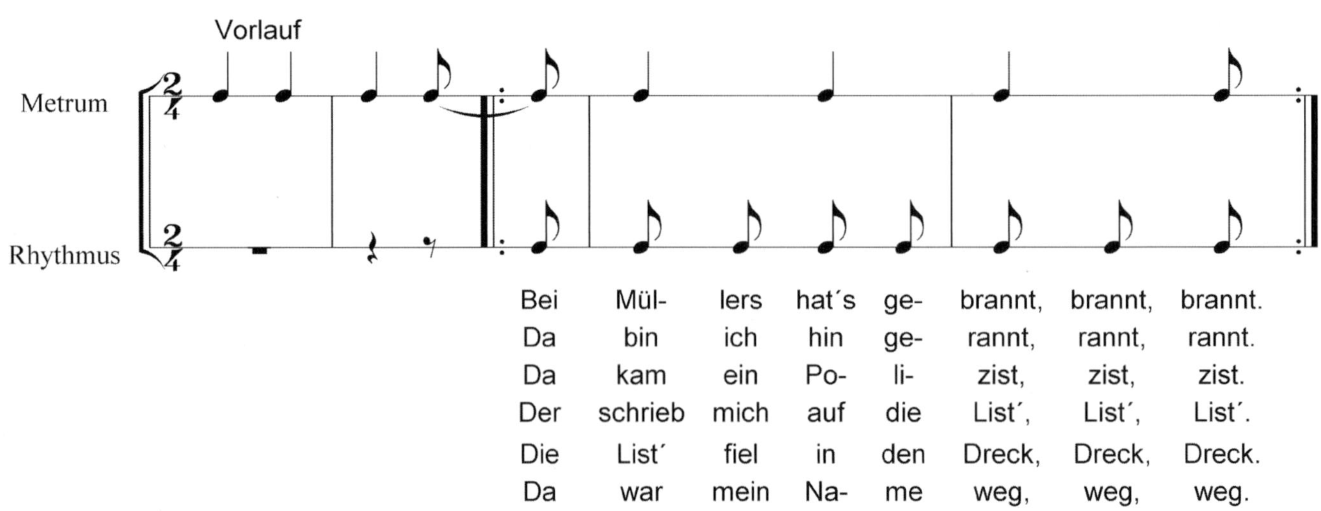

7. *Ein Elefant wollt bummeln gehn* – eine Kette formiert sich

Vorbemerkungen:
Das Lied „Ein Elefant wollt bummeln gehn“ ist recht kurz und hat einen erzählenden Text, der sich leicht in Bewegungen umsetzen lässt.

Ein Elefant wollt bummeln gehn

Melodie: überliefert, Text: U. Kabitz

Kette: Die S stehen hintereinander mit Schulterfassung.
Seitwärtsbewegung: Beginn mit links, nach 8 Schritten erfolgt ein Richtungswechsel nach rechts. Der 8. Schritt wird nur getippt, ohne Belastung des Fußes (entsprechend bei Beginn mit rechts).

Methodische Tipps	Zeit	Medien
Sich bewegen		
• S lernen das „Elefantenlied“ durch Vor- und Nachsingen.	10	
• Sie bilden eine oder evtl. zwei Ketten nebeneinander mit Schulterfassung. • S singen das „Elefantenlied“ und gehen das Metrum auf der Stelle. • Sie gehen nun singend 8 Schritte vorwärts, links beginnend (Takte 1 und 2). • Die „Elefanten“ schreiten nun nach links aus und gehen 8 Schritte seitwärts (Takte 3 und 4). Richtungswechsel: • L zeigt den Übergang von der Vorwärtsbewegung nach 8 Schritten in die Seitwärtsbewegung nach rechts: 7 8 1 2 l r-tipp r l • S gehen 8 Schritte vorwärts, links beginnend (Strophe 2, Takte 1 und 2), dann 8 Schritte nach rechts (Takte 3 und 4). • Die Schrittfolgen für die Strophen 3 und 4 entsprechen denen der Strophen 1 und 2.	20	

8. *Ilse Bilse* – Erleben des 4er-Taktes

Vorbemerkungen:
„Ilse Bilse" ist ein überlieferter Spruch, bei dem das gleichmäßige Sprechen im Puls (= Metrum) geübt werden kann. Es empfiehlt sich grundsätzlich, zuerst Tempo und Metrum durch gleichmäßiges Stampfen mit abwechselndem Heben der Fersen festzulegen. Eine kleine Schwierigkeit liegt im Einhalten der beiden Pausen.

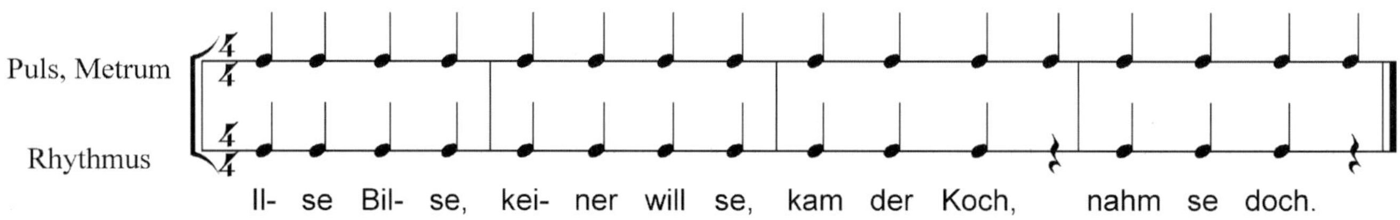

Der Marsch des Toreros aus der Oper „Carmen" von Georges Bizet zeigt, wie der 4er-Takt in der klassischen Musik Verwendung findet. Er dient gleichzeitig dazu, die Form des gewählten Ausschnitts zu erkennen (A – A – B – A).

Methodische Tipps	Zeit	Medien
Sich bewegen zu Musik		
• S stampfen stehend ein Metrum nach Vorgabe des L. • L spricht dazu den Vers „Ilse Bilse". • S sprechen den Vers zum gestampften Metrum, L markiert die beiden Pausen mit Klanghölzern. • S gehen im Metrum durch den Raum und sprechen dazu den Vers, die Pausen werden geklatscht. • Einige S spielen die Pausen auf Rhythmusinstrumenten.	15	Rh.-Instr.
Musizieren		
• S gehen zum Metrum durch den Raum und spielen dazu auf Rhythmusinstrumenten. Auf ein akustisches Signal hin stoppen sie und spielen nach einem erneuten Signal weiter. • Es erfolgt ein Wechsel zwischen Stehen (4 × 4 Schläge) und Gehen (4 × 4 Schläge) • S sprechen den Vers während der Stehzeiten.	15	Rh.-Instr.
Hören		
• S hören das Carmen-Vorspiel und ermitteln die Form (A – A – B – A). • Sie gehen zum A-Teil durch den Raum und markieren dabei die Zählzeiten, indem sie mit einem Schlägel in der Hand senkrecht nach unten schlagen: 1 – 2 – 3 – 4 … • Sie taktieren zum B-Teil, auf der Stelle stehend, während sie sich beim A-Teil im Raum bewegen, möglichst ohne andere Schüler zu berühren.	15	TB 6 Schlägel

9. *Wer hat die Kekse aus der Dose geklaut?* Frage- und Antwortspiel – ausdrucksstarkes Sprechspiel

Vorbemerkungen:
Der überlieferte und bei Kindern sehr beliebte Spruch wird als Frage- und Antwortspiel zwischen einer Gruppe und zwei Solisten ausgeführt. Der schnelle Wechsel zwischen Solo und Tutti (allen) bedarf eines präzisen Metrums und eines nicht zu schnellen Tempos. Der Spruch erhält seinen besonderen Reiz durch ausdrucksstarkes Sprechen in verschiedenen Lautstärken.

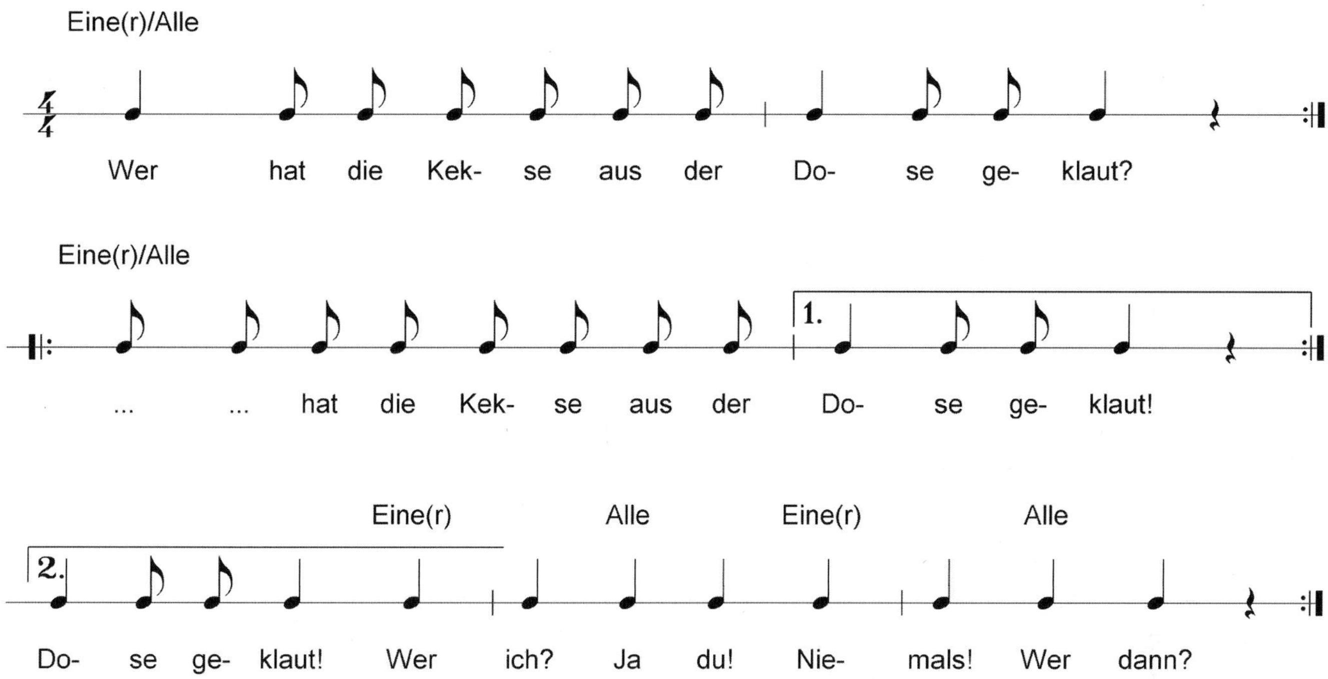

Methodische Tipps	Zeit	Medien
Sich bewegen zu Musik		
Im Stuhlkreis: • L zeigt leere Keksdose herum und fragt rhythmisch: „Wer hat die Kekse aus der Dose geklaut?" • Die Frage wird gemeinsam wiederholt. • L schlägt Metrum mit der Handtrommel und wiederholt den Satz, S schließen sich an. • L erläutert den Scherzcharakter des Spruchs und behauptet: „[Laura] hat die Kekse aus der Dose geklaut!" • S wiederholen diesen Satz. • [Laura] wehrt sich und ruft erregt: „Wer ich?" • Die Klasse antwortet wütend: „Ja, du!" [Laura] entrüstet: „Niemals!" Klasse: „Wer dann?" • Einzelne S werden Solisten (Verfolger oder Dieb) und leiten weitere Runden mit anderen Namen aus der Klasse ein.	15	Dose

Methodische Tipps	**Zeit**	**Medien**
Musizieren		
• Der Verfolger-Solist spricht die erste Zeile und spielt auf einer Trommel den Sprechrhythmus dazu. • Die Klasse wiederholt mit Trommeln den Rhythmus – ohne zu sprechen. • Der Verfolger-Solist spricht die zweite Zeile und spielt auf der Trommel den Sprechrhythmus mit. • Die Klasse wiederholt den Sprechrhythmus auf Trommeln – ohne zu sprechen. • Der Dieb-Solist spricht („Wer ich?“) und begleitet sich mit den Klanghölzern. • Die Klasse ruft („Ja, du!“) und begleitet sich dabei auf den Trommeln. • Der Dieb-Solist ruft („Niemals!“) und begleitet sich mit den Klanghölzern. • Die Klasse spricht fragend („Wer dann?“) und begleitet sich auf den Trommeln.	20	Klang- hölzer Hand trommeln

10. *Katzentatzentanz* – ein Bewegungslied

Vorbemerkungen:
Das bekannte Lied „Katzentatzentanz“ von Frederik Vahle ist mittlerweile ein Klassiker unter den Kinderliedern und wird besonders im ersten und zweiten Schuljahr von den Kindern gerne gesungen und gespielt. Es gibt zahlreiche Varianten dieses Liedes. Immer kommt ein Tier zu der Katze, welches mit ihr tanzen möchte. Die Katze lehnt aus unterschiedlichsten Gründen ab, lässt sich aber durch etwas Geflüstertes doch überreden. Erst beim Kater, der sie streichelt und sacht küsst (was zu großem Gelächter bei vielen Kindern führt), tanzt die Katze sofort mit.
In der letzten Strophe ändern sich der zweite und dritte Teil des Liedes.

Methodische Tipps	**Zeit**	**Medien**
Singen		
• L spricht den Rhythmus vor: 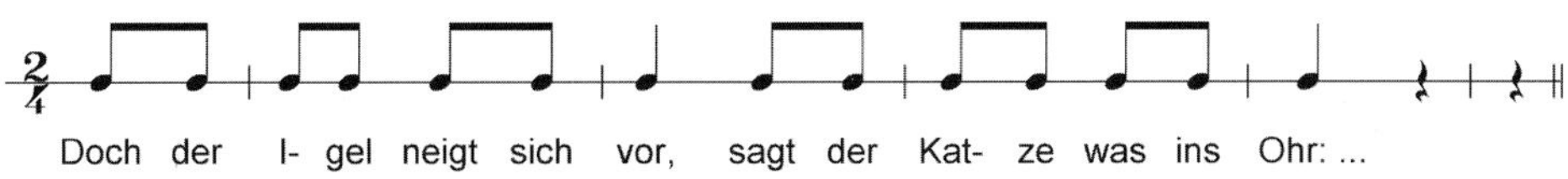 • S sprechen den Rhythmus nach. • S sprechen den Rhythmus und patschen oder klatschen dazu. • L lässt S überlegen, was der Igel der Katze ins Ohr flüstert. • L singt den zweiten Abschnitt des Liedes („Kam der Igel zu der Katze …“) vor und wiederholt diesen mit den Schülern. • L singt Teil 3 („Und dann tanzen sie zu zwein …“). • Teil 3 wird wiederholt – S singen mit. • Das Lied wird nun von der CD angehört. • Es folgt eine Wiederholung mit allen Tieren, die in dem Lied auftreten.	20	TB 7
Sich bewegen zu Musik und singen		
• L hängt Karten mit Stichwörtern und Bildern an die Tafel. S übernehmen die einzelnen Tierrollen. Ablauf: • L singt als „Vorspiel“ die erste Zeile („Guck, die Katze tanzt allein …“) des Liedes. S singen das Lied mit, jeweils zwei S stehen in der Mitte des Kreises und stellen den Inhalt der Strophen pantomimisch dar.	15	Karten
Strophen erfinden		
• S dichten neue Strophen hinzu (z. B. Hofhund – bellt so fürchterlich, Hamster – ist so pummelig).	10	
Fächerübergreifender Unterricht		
• Im Kunstunterricht können Tiermasken gebastelt werden, die beim Singen des Liedes eingesetzt werden können.		

Bildkarten zum Katzentatzentanz

Der Katzentatzentanz

Text: Helme Heine/Fredrik Vahle Melodie: Fredrik Vahle

2. Kam der Hase zu der Katze: „Bitte reich mir deine Tatze!“
„Mit dem Hasen tanz ich nicht, ist mir viel zu zappelig!“
Doch der Hase neigt sich vor, sagt der Katze was ins Ohr: …
Und dann …

3. Kam der Dackel zu der Katze: „Bitte reich mir deine Tatze!“
„Mit dem Dackel tanz ich nicht, denn der tanzt so wackelig!“
Doch der Dackel neigt sich vor, sagt der Katze was ins Ohr: …
Und dann …

4. Das Gespenst kam zu der Katze: „Bitte reich mir deine Tatze!“
„Mit dem Gespenst da tanz ich nicht, ist mir viel zu gruselig!“
Doch das Gespenst, das neigt sich vor, sagt der Katze was ins Ohr: …
Und dann …

5. Kam der Kater zu der Katze, leckte ihr ganz lieb die Tatze,
streichelt sie und küsst sie sacht und schon hat sie mitgemacht.
Er bringt alle andern mit und schon tanzen sie im Schritt,
einmal laut und einmal leis und schon tanzen sie im Kreis.
Bis zum Abendsonnenschein und dann gingen alle heim.

11. Rhythmus belebt

Vorbemerkungen:
Ein Rhythmus ist eine kleine musikalische Einheit und besteht in der Regel aus langen und kurzen Tondauern (Notenwerten). Er weist – wie auch der Takt – regelmäßig wiederkehrende Betonungen auf.

Methodische Tipps	**Zeit**	**Medien**
Musizieren und sich bewegen		
Im Raum: L verteilt Rhythmusinstrumente mit kurzklingenden Tönen, wie z. B. Klanghölzer, Holzblocktrommeln, Röhrenholztrommeln, Bongos und Schellenringe. • L spricht den Vers: „Wir sind die Klasse [1a]!“ und lässt ihn von einzelnen S auf der Grundlage eines gespielten Metrums rhythmisieren, z. B.:  • S sprechen diesen Rhythmus zum Metrum des L, den er auf der Handtrommel spielt, und gehen dazu durch den Raum. • Sie musizieren den Rhythmus auf Instrumenten und sprechen dazu.	15	Rh.-Instr.
Sprechen und musizieren		
• L: „Wir sprechen unsre Namen jetzt.“ 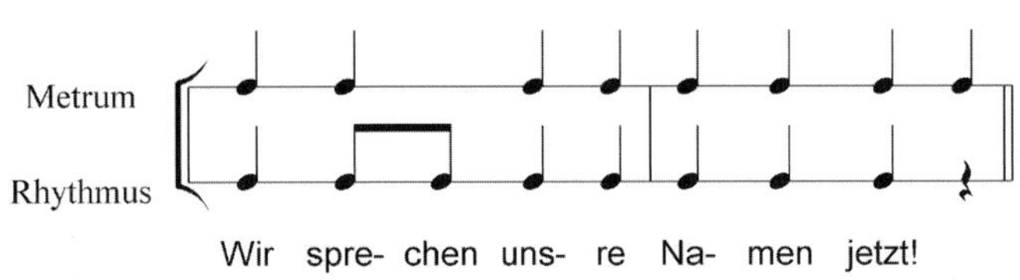 • S imitieren dies. • L: „Ich bin die [As-trid].“ • Der am nächsten sitzende S spricht im Rhythmus seinen Namen. Alle S spielen dazu leise auf ihren Instrumenten das Metrum. • Übrige S folgen der Reihe nach, bis alle dran waren.	15	Rh.-Instr.
Fächerübergreifender Aspekt		
• S ordnen ihre Namen nach Anzahl der Silben. • Wiederholung: Silbentrennung	15	

12. *Popcorn* – getanzt

Vorbemerkungen:
Ihren größten Hit hatte die Band „Hot Butter“ 1972 mit dem Instrumentalstück „Popcorn“ von Gershon Kingsley. Auffällig sind in diesem Stück zwei kontrastierende musikalische Themen, die auch von Kindern schon erkannt werden. Das erste Thema suggeriert platzende Maiskörner, das zweite Thema vermittelt einen ruhigen, sinnlichen Eindruck, den Kinder mit der Vorstellung des Genießens des Popcorns verbinden können.
Dieses Lied kann sehr gut in einer Formation getanzt werden.

Verlauf: 6 Takte Einleitung – 8 × A (A’) – 4 × B (B’) – 6 × A (A’) – 7 Takte Schlussteil
Jeder Teil (A und B) umfasst vier Takte mit 16 Metrumschlägen.

Methodische Tipps	Zeit	Medien
Hören		
• S hören das Stück und schnipsen oder patschen das Metrum mit. • S sprechen über das gehörte Stück. Ist es ihnen bekannt? Wie klingt es? Welche Instrumente werden verwendet? • L stellt den Titel „Popcorn“ vor – S berichten, was Popcorn ist und wie es gemacht wird. • S hören das Stück erneut und berichten darüber, wieso es diesen Titel erhalten haben könnte.	10	TB 8
Sich bewegen zu Musik		
• S springen zur Musik „wie platzende Maiskörner“ im Raum umher. • L: „Passt das Hüpfen zur gesamten Musik oder gibt es Teile, bei denen wir eine andere Bewegung machen könnten?“ • S formulieren ihre Ideen zum zweiten ruhigeren Thema. • S hören das Stück erneut und setzen zwei unterschiedliche Bewegungsaufträge um.	10	TB 8
Sich bewegen zu Musik		
• Die S stellen sich in mehrere Reihen versetzt hintereinander auf. • L macht verschiedene Bewegungen zur Musik seitenverkehrt vor, die S ahmen die Bewegungen nach: – nach rechts (oder links) klatschen, – Beistellschritte zur Seite (rechts – ran, rechts ran, links ran …), – neben den Schultern klatschen, – Rolle mit den Händen, – über dem Kopf Wellenbewegungen mit den Armen, – ganz leise schnipsen, mit Fingern tippen. • S reflektieren den Tanz: Welche Bewegungen haben gut zur Musik gepasst? Welche Bewegungen kann man noch einsetzen? • Welche Bewegungen passen besser zu Teil 1 (A) oder Teil 2 (B)?	15	TB 8

Methodische Tipps	**Zeit**	**Medien**
• Erneuten Durchgang mit anderen Bewegungen durchführen. • L übergibt die Dirigentenfunktion an einen S. Während des Tanzens kommt auf ein Zeichen immer ein neuer S nach vorne und präsentiert seine Bewegung. Alle anderen S tanzen mit.	10	TB 8
Fächerübergreifender Aspekt		
Das Musikstück „Popcorn“ kann auch im Rahmen des fächerübergreifenden Unterrichts eingesetzt werden: die Maispflanze als wichtiges Getreide für Mensch und Tier, Popcorn selber herstellen …		

1. *Hört euch die Instrumente an*

Vorbemerkungen:
Dieses Lied dient zum Kennenlernen von Rhythmusinstrumenten. Mit diesen können die Melodiepausen improvisierend gefüllt werden. Das wird anfänglich trotz einer Orientierung an einem Metrum kaum gelingen, aber nach einiger Übung möglich sein.

Methodische Tipps	**Zeit**	**Medien**
Singen		
Für die einzelnen Strophen werden folgende Instrumente bereitgestellt: Klanghölzer – Bongos; Rasseln – Guiro; Triangel – Schellenring – Pauke; Handtrommel – Becken. Sollten einige Instrumente nicht vorhanden sein, so kann der Text entsprechend geändert werden. • L holt sich den Anfangston (g1) von einem Instrument und gibt ihn mit der Stimme an die S weiter. • S geben den Ton zurück und lernen die Melodie über das Vorsingen des L. • S erlernen die 1. Strophe Zeile für Zeile. • S hören das Lied von der CD und stellen Pausen in der Melodie fest. Sie machen Vorschläge, wie jene durch Instrumentalspiel geschlossen werden können. • Einzelne S probieren, die Pausen mit Rhythmen auszufüllen. • Dies sind mögliche Lösungen für zwei Takte (= 8 Metrumschläge): 	20	Rh.-Instr. TB 9
Singen und Musizieren		
• S singen die erste Strophe, zwei Solisten (für Klanghölzer und Bongos) spielen je einen pausenfüllenden Rhythmus. • Die weiteren Strophen werden zusammen gelesen, die Instrumente verteilt und wie oben gespielt. • Die 5. Strophe ist für alle (= Orchester) gedacht. • Es wird nun zur CD gesungen und gespielt.	15	AB 6 Rh.-Instr. TB 9

AB 6

TB 9

Hört euch die Instrumente an

Text u. Melodie: Rita Mölders

Strophe 2
Mit den Rasseln klingt's famos,
dabei sind sie gar nicht groß.
Und die Guiro spielt ganz leis'
jemand, der zu spielen weiß.

Strophe 3
Spielt man auf dem Xylophon,
gibt es einen tollen Ton.
Holt die Kastagnetten her,
denn das Klappern ist nicht schwer.

Strophe 4
Triangel- und Schellenklang
passen gut zu dem Gesang.
Auch ein Regenstab ist da,
er klingt einfach wunderbar.

Strophe 5
Trommeln hört man schon von fern,
darum trommeln wir so gern.
Auch das Becken ist sehr laut,
wenn man kräftig darauf haut.

Strophe 6
So, nun geht es endlich ran,
denn es spielt bald Jedermann.
Das Orchester ist bereit,
spielen kann man jederzeit.

2. *Der Frosch zog Hemd und Hose an*

Vorbemerkungen:
Das Lied eignet sich besonders gut für eine szenische Darstellung. Einfache Kostüme, die im Kunstunterricht angefertigt werden können, verstärken die Wirkung.

Methodische Tipps	**Zeit**	**Medien**
Einstimmung		
• L: „Hört mal, welche Tiere in dem Lied vorkommen und was sie tun!" • S hören das Lied von der CD. • Sie nennen die Tiere und erzählen den Inhalt.	10	TB 10
Singen		
• L singt alle Strophen vor, die S ergänzen zunächst mit „aha". • S singen das Lied, textlich unterstützt durch eine Bilderfolge (Frosch, Mauseloch, Federhut ...).	10	AB 7
Vorbereitung der Szene		
• L verteilt die Rollen nach Vorschlägen der S. • Einzelne Strophen werden geprobt. • Welche Kleidung usw. wird benötigt? • Die im Kunstunterricht angefertigten Requisiten werden ausprobiert: Froschmaul, Hahnenkamm.	15	Requisiten
Singen und Darstellen		
• S verkleiden sich und richten die Spielfläche her. • Sie singen das Lied nochmals mit allen Strophen. • Während der Zwischenspiele bewegen sich die Tiere gemäß ihrer Rolle. • Abschließende Aufführung: Singen mit szenischem Spiel	15	TB 10
Textfestigung		
• S schneiden die Kästchen (jeweils 2 Strophen) aus und bringen sie in die richtige Reihenfolge. Lösungswort AB 1 (Strophen 1–10): SUPER Lösungswort AB 2 (Strophen 11–18): MANN	20	AB 8a AB 8b

AB 7

TB 10

Der Frosch zog Hemd und Hose an

Text: Fredrik Vahle, Melodie: traditionell

2. Dann hüpft er zu dem Mauseloch, aha, aha.
Dann hüpft er zu dem Mauseloch und küsst die Maus,
die liebt ihn doch, aha, aha.

3. Die Maus sagt: „Du bist nass und grün“ aha, aha.
Die Maus sagt: „Du bist nass und grün,
jedoch du quakst so wunderschön“, aha, aha.

4. Dann holt sie ihren Federhut, aha, aha.
Dann holt sie ihren Federhut,
der steht ihr aber wirklich gut, aha, aha.

5. „Wo feiern wir? Ich freu mich schon“, aha, aha.
„Wo feiern wir? Ich freu mich schon!“
„In einem alten Pappkarton“, aha, aha.

6. Die ersten Gäste kamen an, aha, aha.
Die ersten Gäste kamen an:
der Rabe, Hamster, Spatz und Hahn, aha, aha.

7. Der Rabe stakste steif herein, aha, aha.
Der Rabe stakste steif herein und rief sogleich
„Wo bleibt der Wein?“, aha, aha.

8. Der Hamster ist heut sehr galant, aha, aha.
Der Hamster ist heut sehr galant,
er schüttelt jedermann die Hand, aha, aha.

9. Der Spatz, der hüpft im Zickzack ran, aha, aha.
Der Spatz, der hüpft im Zickzack ran,
weil er vortrefflich hüpfen kann, aha, aha.

10. Der Hahn stolzierte stolz heran, aha, aha.
Der Hahn stolzierte stolz heran
und kräht, so laut er krähen kann, aha, aha.

11. Und dann kam Onkel Ratte rein, aha, aha.
Und dann kam Onkel Ratte rein,
der trank sein Bier und schlief gleich ein, aha, aha.

12. Der Frosch quakt seinen schönsten Ton, aha, aha.
Der Frosch quakt seinen schönsten Ton,
da wackelte der Pappkarton, aha, aha.

13. Der Kater Karlo hörte das, aha, aha.
Der Kater Karlo hörte das
und schlich sich ran durchs hohe Gras, aha, aha.

14. Die Maus rief: „Guck, der Kater kommt“, aha, aha.
Die Maus rief: „Guck, der Kater kommt,
jetzt alle Mann den Fürchteton“, aha, aha.

15. Und da kam aus dem Pappkarton, aha, aha.
Und da kam aus dem Pappkarton,
ein wirklich fürchterlicher Ton, aha, aha.

16. Das quietschte und das pfiff und schrie, aha, aha.
Das quietschte und das pfiff und schrie,
der Kater rannte weg – und wie, aha, aha.

17. Er warnte seinen kleinen Sohn, aha, aha.
Er warnte seinen kleinen Sohn,
vor dem Gespenst im Pappkarton, aha, aha.

18. Die Tiere in dem Pappkarton, aha, aha.
Die tanzten, bis sie müde war'n
und bis das Fest sein Ende nahm, aha, aha.

Der Frosch zog Hemd und Hose an

U		• Die Maus sagt: „Du bist nass und grün, jedoch, du quakst so wunderschön.“ • Dann holt sie ihren Federhut, der steht ihr aber wirklich gut.
R		• Der Spatz, der hüpft im Zickzack ran, weil er vortrefflich hüpfen kann. • Der Hahn stolzierte stolz heran und kräht, so laut er krähen kann.
S		• Der Frosch zog Hemd und Hose an und reckt sich wie ein Supermann. • Dann hüpft er zu dem Mauseloch und küsst die Maus, die liebt ihn doch.
P		• „Wo feiern wir? Ich freu mich schon.“ „In einem alten Pappkarton.“ • Die ersten Gäste kamen an: der Rabe, Hamster, Spatz und Hahn.
E		• Der Rabe stakste steif herein. Und rief sogleich: „Wo bleibt der Wein?“ • Der Hamster ist heut’ sehr galant. Er schüttelt jedermann die Hand.

N		• Er warnte seinen kleinen Sohn vor dem Gespenst im Pappkarton. • Die Tiere in dem Pappkarton, die tanzten, bis sie müde war'n und bis das Fest sein Ende nahm.
A		• Der Kater Karlo hörte das und schlich sich ran durchs hohe Gras. • Die Maus rief: „Guck, der Kater kommt! Jetzt alle Mann den Fürchteton!“
M		• Und dann kam Onkel Ratte rein, der trank sein Bier und schlief gleich ein. • Der Frosch quakt seinen schönsten Ton, da wackelte der Pappkarton.
N		• Und da kam aus dem Pappkarton ein wirklich fürchterlicher Ton. Das quietschte und das pfiff und schrie, der Kater rannte weg – und wie!

Schneide die Kästchen an der gestrichelten Linie aus.

Ordne die Strophen.

Klebe sie auf.

Hast du das **Lösungswort** gefunden?

3. *Drei Chinesen mit dem Kontrabass*

Vorbemerkungen:
Das Lied eignet sich – außer zum Singen – vorzüglich zur Sprecherziehung. Der Text sollte strophenweise mit allen Vokalen und Doppellauten gesprochen werden, also „Dra Chanasan ...", „Dre Chenesen ..." usw.
Ergänzend und zwischendurch lassen sich auch sogenannte Zungenbrecher in den Unterricht einfügen.

Methodische Tipps	**Zeit**	**Medien**
Sprechen		
• L spricht den Text vor. • S lernen das deutliche Sprechen durch Imitation. • L: „Wer kann die Strophe am schnellsten fehlerfrei sprechen?" • L und S sprechen die verschiedenen Strophen mit allen Vokalen und Doppellauten.	10	
Singen		
• Alle hören das Lied von der CD. • Alle singen zur CD mit und patschen dazu das Metrum. Alle Strophen werden gemeinsam gesungen.	10	TB 11
Musizieren		
• S üben einen Begleitrhythmus ein, der abwechselnd mit der linken Hand auf den Schenkel und mit der rechten Hand auf die Tischplatte geschlagen wird.  • Der Rhythmus kann verstärkt werden durch Handtrommel (linke Hand) und Klanghölzer (rechte Hand).	15	Handtrommel Klanghölzer
Singen und Musizieren		
• S werden eingeteilt in eine Singgruppe und eine Musiziergruppe. • Gemeinsam werden alle Strophen gesungen und musiziert.	10	Handtrommel Klanghölzer Liedtext, S. 36

Methodische Tipps	**Zeit**	**Medien**
Sprechen		
• L spricht den Zungenbrecher: „Die Katze tritt die Treppe krumm, ist das schad', ist das schad'.“ • Die S üben den Text in Einzel- oder als Partnerarbeit und versuchen das Tempo allmählich zu steigern. • Alle sprechen den Text gemeinsam und patschen dazu das Metrum.	10	

Drei Chinesen mit dem Kontrabass

überliefert

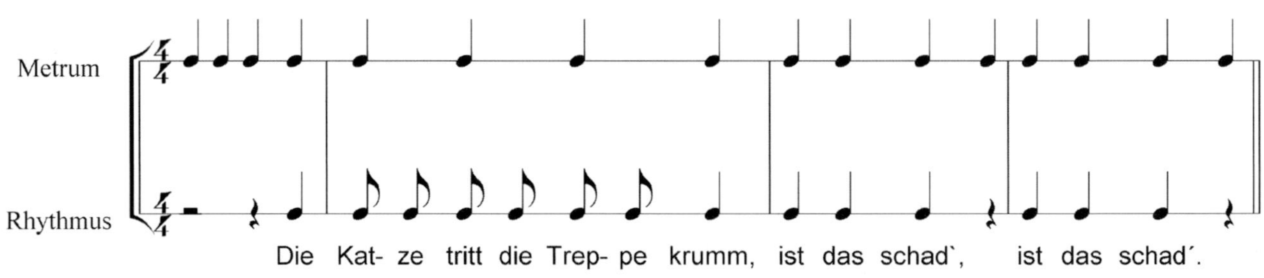

4. *Herr Laut ging mal spazieren*

Vorbemerkungen:
Dies ist ein Lied, das zum Singen und Bewegen anregt. Zugleich wird die musikalische Eigenschaft „Lautstärke“ thematisiert und an einem Musikbeispiel erläutert.

Einige **Lautstärkebezeichnungen**:			
leise	p	laut	f
sehr leise	pp	sehr laut	ff

Methodische Tipps	**Zeit**	**Medien**
Einstimmung		
• L fragt S, ob sie „laute“ und „leise“ Tiere kennen. • S imitieren Tiere mit Stimme und Körper. • L fragt, ob dies auch auf die Menschen zutrifft. • L spricht Liedtext vor, die S wiederholen ihn und achten dabei auf die Lautstärke.	10	
Singen		
• S hören das Lied von der CD. • L singt das Lied vor, S singen zeilenweise nach. • S ordnen dem Text Lautstärkekärtchen zu.	15	TB 12 AB 9 AB 32
Singen und sich bewegen		
• S singen das Lied und bewegen sich wie Herr Laut bzw. Herr Leis im Raum.	5	
Singen und Musizieren		
• Die S werden in eine Sing- sowie Musiziergruppe eingeteilt. • S singen das Lied bzw. begleiten es mit Rhythmusinstrumenten.	10	Rh.-Instr.
Hören		
• S hören „Der Frühling“ aus den „Vier Jahreszeiten“ von Antonio Vivaldi. • S legen die Lautstärkekärtchen dem Verlauf nach: | f | p | f | p |	10	TB 13 AB 32

AB 9

TB 12

Herr Laut ging mal spazieren

Text u. Melodie: R. Schuhmann

G D G D G D G

(f) Herr Laut ging mal spa- zie- ren in ei- nem grü- nen Wald.
(p) Herr Leis ging mal spa- zie- ren in ei- nem grü- nen Wald.

(f) Herr Laut stampft wie ein E- le- fant. Man hört es bis zum Wal- des- rand. Herr

(p) Leis schleicht wie ein Luchs. Man hört kaum ei- nen Mucks.

G D G D G D G

(f) Herr Laut ging mal spa- zie- ren in ei- nem grü- nen Wald.
(p) Herr Leis ging mal spa- zie- ren in ei- nem grü- nen Wald.

5. *Hurra, es schneit!* – ein Winterlied

Vorbemerkungen:
Dieses Winterlied von Nena ist sehr eingängig, kindgemäß und gut zu singen. Der letzte Teil wird zum Ausklang des Liedes vom Lehrer vorgelesen.

Methodische Tipps	**Zeit**	**Medien**
Stimmbildung		
• L erzählt S Stimmbildungsgeschichte „Im Winter".	10	AB 11
Sprechen über Musik		
• S berichten über ihre Schneeerlebnisse; Schlüsselwörter werden an der Tafel gesammelt.	5	
Hören		
• S hören die erste Strophe des Liedes von der CD und achten auf den Text. • Im Lied vorkommende Schlüsselwörter werden an der Tafel notiert. • Mit den Strophen 2 bis 4 wird analog verfahren. • Inhalt wird besprochen.	15	TB 14 AB 10
Singen		
• S singen den Refrain zur CD mit.	5	TB 14
Musizieren		
• L teilt Rhythmusinstrumente aus. • S spielen auf den Instrumenten folgenden Rhythmus:  Es schneit, hur- ra, hur- ra, es schneit!	10	Rh.-Instr.
• S hören das Lied und spielen den Rhythmus zum Refrain mit.	5	TB 14
Singen		
• L singt die Takte 1 bis 8 vor, S singen mehrfach nach. • Die Takte 9 bis 16 werden entsprechend erarbeitet.	10	
• Die weiteren Strophen können hier angeschlossen werden.	10	AB 10

AB 10

TB 14

Hurra, es schneit!

Musik und Text: Nena Kerner

2. Heute bleibt kein Kind zuhaus,
   heute wollen alle raus.
   Mit Schal und dicken Pudelmützen,
   können wir lange draußen sitzen.

3. Immer wieder auf und ab,
   geht's an unserem Berg, tripp, trapp.
   Alleine oder im Gespann,
   bis so mancher nicht mehr kann.

4. Die andern rollen die ersten Kugeln,
   für die große Schneeballschlacht.
   Hui, da kommen sie angeflogen,
   und es wird ganz viel gelacht.

5. „Kinder, Kinder", ruft der Schneemann,
   „jetzt wird's Zeit nach Haus zu gehen!
   Kalte Füße, rote Nasen,
   morgen gibt's ein Wiedersehn!"

Und schon ist der erste Tag
im Schnee zu Ende – Schnell nach Haus,
dort wartet nämlich ein gemütliches
warmes Bett, in das man sich einfach nur
noch reinkuscheln möchte.

Stimmbildungsgeschichte „Winter“

Lockerung der Muskulatur	Es ist Winter. Du bist draußen. Durch eine verschneite Wiese stapfst du zu einem kleinen eingefrorenen See.	stabile Haltung, lockerer Stand, trappelnde Bewegungen mit den Füßen
Lockerung des Körpers	Es schneit. Du klopfst dir den Schnee von den Kleidern.	den ganzen Körper abklopfen
Lockerung des Körpers	Von weitem siehst du einige Kinder, die schon Schlittschuh laufen. Du winkst ihnen zu.	winken mit beiden Armen
Anregung der Stimme	„Brrrr, ist das heute kalt!“	mehrfaches Sprechen des Zungen-Rs
Mundmotorik	Dein Mund scheint wie eingefroren.	Mundgymnastik, mehrfaches lockeres Öffnen und Schließen des Mundes, Gesicht ausstreichen
Artikulation	Die anderen Kinder sehen dich nicht. Du rufst ihnen zu!	erst leises, dann lauteres „Huhu“ und „Hallo“ singend rufen
Artikulation	Endlich bist du am See angekommen. Du drehst eine gemütliche Runde auf dem See – huihhh – du wirst ja immer schneller!	„huih“ rufen
Artikulation	Genug für heute. Mit einer Tasse heißem Kakao kehrst du zu deinem Platz zum Ausruhen zurück.	„ffff, ffff“ pusten

6. *Ich geh mit meiner Laterne*

Vorbemerkungen:
Das meist aus dem Kindergarten bekannte Lied wird hier erneut aufgegriffen, in Bewegung umgesetzt und mit Instrumenten begleitet.
Das schnell ausgeführte Metrum ergibt 6 Schläge pro Takt, wobei die Achtelnote Zähleinheit ist. Das langsam ausgeführte Metrum ergibt 2 Schläge pro Takt, wobei 3 Achtel des Rhythmus auf einen Metrumschlag (= Dreiachtelnote) kommen.

Metrum, schnelles Tempo

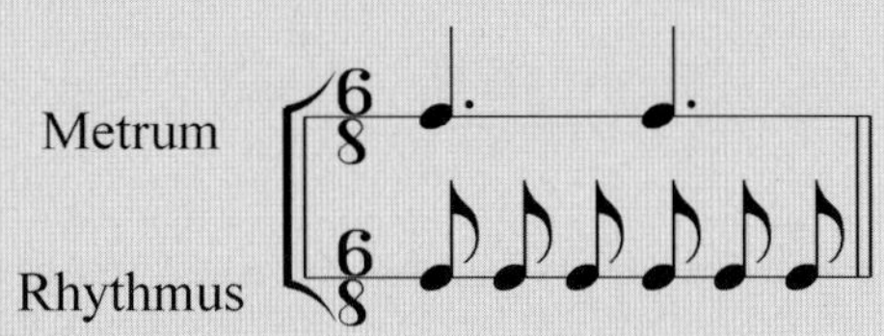

Metrum, langsames Tempo

Methodische Tipps	**Zeit**	**Medien**
Inhaltliche Einführung		
• L bringt eine Laterne mit und zündet die Kerze darin an. • S berichten über eigene Laternenumzüge. • L erinnert an den Text des Liedes. • L und S sprechen den Text der 1. Strophe gemeinsam, möglichst im Rhythmus der Melodie.	10	Laterne
Singen		
• S hören das Lied von der CD. • Ein S singt die 1. Strophe vor, die Klasse singt die Wiederholung. • Ein anderer S singt die 2. Strophe vor.	10	TB 15
Sich bewegen zu Musik		
• S erhalten einen Schlägel, den sie als Laternen-Ersatz durch den Raum tragen und dazu zum Hörbeispiel im langsamen Metrum gehen (= 2 Schritte pro Takt).	5	Schlägel TB 15

Methodische Tipps	**Zeit**	**Medien**
Musizieren		
• L spielt mit dem Triangel zum Gesang eine rhythmische Begleitung, die dem langsamen Metrum (= Gehschritte) entspricht. • S sprechen den Rhythmus: 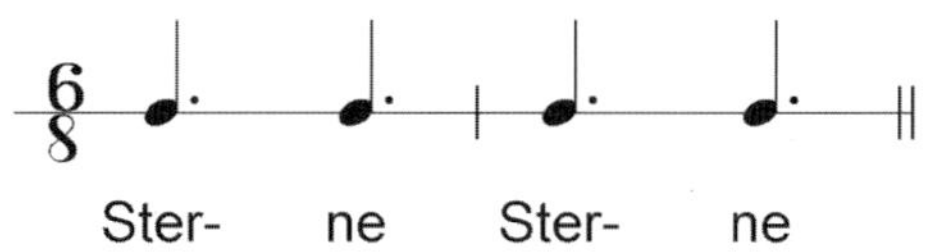 • Ein S übernimmt den Triangel-Rhythmus. • L zeigt eine Begleitung für das Glockenspiel auf dem Ton c. 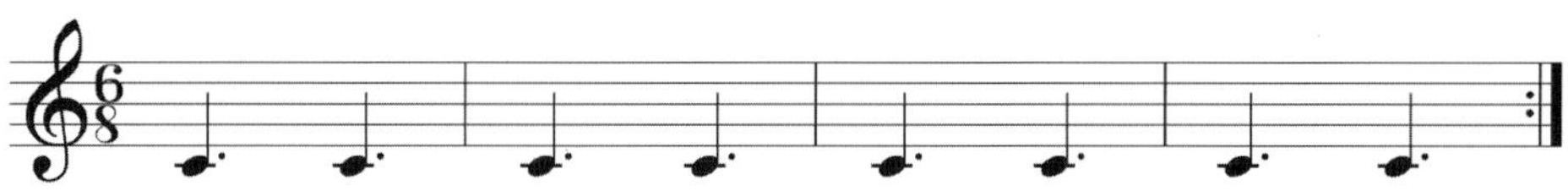 Diese Takte viermal spielen. Der Auftakt (= 6. Zählzeit) wird nicht begleitet. • Ein S übernimmt das Musizieren mit dem Glockenspiel.	10	Triangel TB 15 Glocken-spiel
Singen, Musizieren, Bewegen		
• Erarbeiten eines Vorspiels, das der Liedbegleitung entsprechen kann, sowie eines Nachspiels. • Weitere Strophen können erfunden werden. • Zusammenführen von Bewegung im Raum, Singen und Musizieren (evtl. in Gruppen).	15	TB 15 Triangel Glocken-spiel Schlägel
Fächerübergreifender Aspekt		
• Kunst: S basteln eine Laterne.		

AB 12

TB 15

Ich geh mit meiner Laterne

überliefert

2. Laternenlicht, verlösch mir nicht!
   Rabimmel, rabammel, rabumm.

3. Mein Licht ist schön, könnt ihr es sehn?
   Rabimmel, rabammel, rabumm.

4. Ich trag mein Licht, ich fürcht mich nicht!
   Rabimmel, rabammel, rabumm.

5. Mein Licht ist aus, wir gehn nach Haus.
   Rabimmel, rabammel, rabumm.

Im Tonbeispiel erklingt zweimal die letzte Strophe.

7. *Wir sagen euch an den lieben Advent*

Vorbemerkungen:
Dieses Lied eignet sich vorzüglich zum Singen unter dem Adventskranz. Eine Begleitung mit Glockenspiel und Metallofon unterstützt die vorfestliche Stimmung.

Methodische Tipps	Zeit	Medien
Einstimmung		
• Die Kerzen am Adventskranz werden angezündet, das Tageslicht wird möglichst etwas gedämpft. • L singt die 1. Strophe vor. • S lesen den Text der weiteren Strophen.	10	Advents-kranz AB 13
Singen		
• S hören die Melodie von der CD. • Sie singen die Strophen zur CD.	10	TB 16
Musizieren		
• Einige S üben die Begleitung mit Glockenspiel und Metallofon. • Die anderen S singen nochmals alle Strophen zur CD.	15	Glocken-spiel Metallofon AB 13 TB 16
Singen und Musizieren		
• Beim gemeinsamen Singen und Musizieren werden die Kerzen nacheinander angezündet.	10	Glocken-spiel Metallofon

AB 13

TB 16

Wir sagen euch an den lieben Advent

Text: Maria Ferschl, Melodie: Heinrich Rohr

2. Wir sagen euch an den lieben Advent.
Sehet, die zweite Kerze brennt!
So nehmet euch eins ums andere an,
wie auch der Herr an uns getan!
Freut euch, ihr Christen, …

3. Wir sagen euch an den lieben Advent.
Sehet, die dritte Kerze brennt!
Nun tragt eurer Güte hellen Schein
weit in die dunkle Welt hinein!
Freut euch, ihr Christen, …

4. Wir sagen euch an den lieben Advent.
Sehet, die vierte Kerze brennt!
Gott selber wird kommen, er zögert nicht.
Auf, auf ihr Herzen, und werdet licht!
Freut euch, ihr Christen, …

8. *Auf der Mauer, auf der Lauer*

Vorbemerkungen:
Dieses Kinderlied basiert auf dem Prinzip, dass in jeder weiteren Strophe ein Buchstabe der Wörter „Wanze“ und „tanzen“ weggelassen wird. Aus „Wanze“ und „tanzen“ entsteht im nächsten Durchgang „Wanz“ und „tanz“, „Wan“ und „tan“ usw., bis schließlich eine Pause gemacht werden muss.
Das Lied kann als Pfandspiel durchgeführt werden. Jedes Kind, das nicht die Verkürzung singt, muss ein Pfand abgeben.

Methodische Tipps	**Zeit**	**Medien**
Stimmbildung		
• L erzählt die Stimmbildungsgeschichte „Im Zoo“. • Am Ende der Stimmbildungsgeschichte gehen die Kinder nicht zum Eingang, sondern setzen sich am Ende des Zoorundgangs auf eine Mauer. • L: „Huch! Was ist denn da?“ (schnelles, ruckhaftes Einatmen) „Da! Da sitzt ja eine Wanze!“	15	AB 14
Singen		
• L singt das Lied vor – S hören zu. • S sprechen den Liedtext mit deutlicher Artikulation. • L singt Takt 1–2 vor, S singen nach. • Entsprechend mit den Takten 3 bis 8 verfahren.	15	TB 17 AB 15
Singen		
• S singen das Lied vollständig (Pfandspiel).	10	
Musizieren		
• L teilt Klanghölzer, Guiro, Holzblocktrommel usw. aus. • S begleiten das Lied mit Rhythmen, z. B. mit 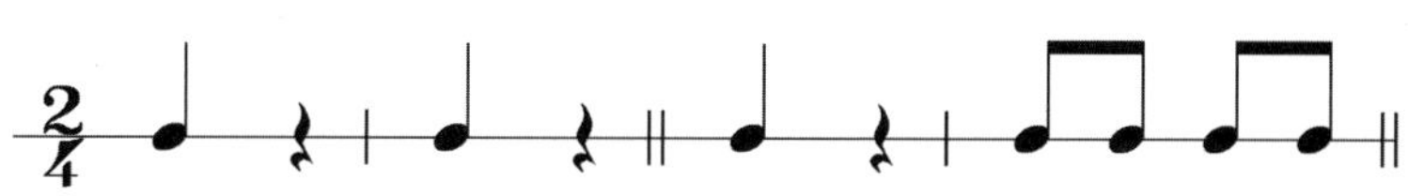	15	Rh.-Instr.

AB 14

Stimmbildungsgeschichte – Im Zoo

Lockerung der Muskulatur	Heute machen wir einen Ausflug in den Zoo. Wir laufen durch den Eingang und schauen uns erst einmal um. Oh! Da hinten sind ja die Affen! Da müssen wir sofort hin! Die Affen sind ja lustig! Die können ja ganz schön schnell klettern! Wir werfen den Affen einige Apfelstücke zu.	stabile Haltung, lockerer Stand, trappelnde Bewegungen mit den Beinen Kopf nach links und rechts drehen Arme nach vorne strecken, schnelle trappelnde Bewegungen mit den Beinen auf die Zehenspitzen stellen und Arme abwechselnd nach oben strecken Wurfbewegungen mit den Armen
Mundmotorik	Und weiter geht es zum Löwengehege! Da! Da ist der Löwe. Er gähnt und reißt sein Maul weit auf.	mehrfaches übertriebenes Gähnen
Atmung	Hui! Der Löwe kommt aber nah an uns heran! Da kann man ja Angst bekommen! Aber zwischen uns ist ja ein Zaun. Er kann uns nichts tun. Aber ärgern sollte man ihn auch nicht.	kurzes, kräftiges, stoßhaftes Einatmen (mehrfach) tiefes, erleichtertes Ein- und Ausatmen
Lockerung des Körpers	Wir laufen weiter.	trappelnde Bewegungen mit den Beinen
	Was hören wir da! He- he! Haaal-loooo!	mehrfaches „singendes“ Sprechen
Tonumfang erweitern	Das klingt aber komisch. Es ist der Papagei!!! Wir rufen ihm zu: „Huhu, Hal-lo, Hi-hi!“	erst leises, dann lauteres „Huhu“, „Hallo“, „Hihi“ rufen
	Aber der Papagei mag uns heute nicht antworten.	seufzen von hoch nach tief: „ohhhh“
Atmung	Um die restlichen Tiere zu sehen, machen wir eine Rundfahrt mit der kleinen Eisenbahn.	f-s-sch-f-s-sch-f-s-sch
Atmung	Wir sind müde geworden und ruhen uns auf einer Mauer aus. Pffff, war das anstrengend!	pusten: pffff pffff
Lockerung der Muskulatur, Atmung	Wir gehen zum Ausgang. War das ein schöner Tag!	recken und strecken, Ausatmung auf dem Laut „Ah“

Auf der Mauer, auf der Lauer

überliefert

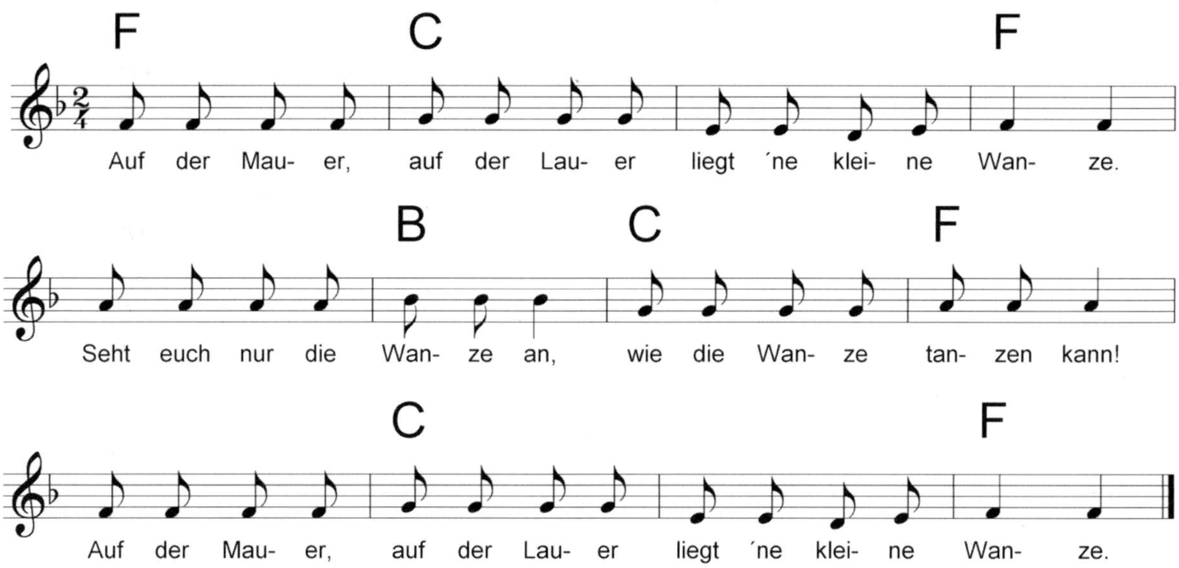

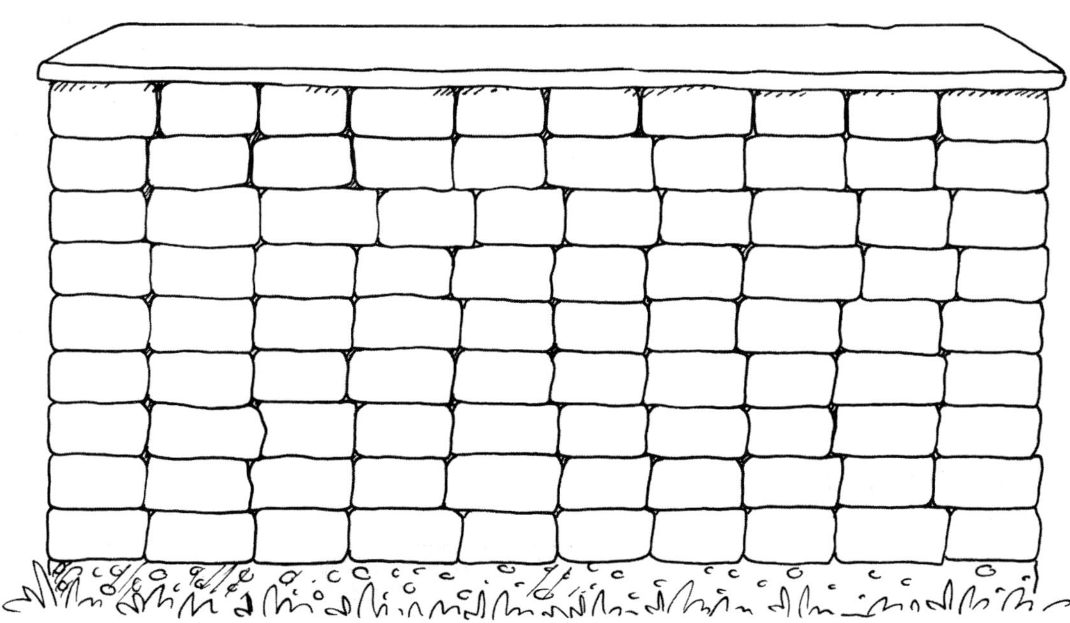

1. Tägliches Vor- und Nachklatschen

Vorbemerkungen:
Rhythmuserziehung ist im Musikunterricht der Grundschule aus mehreren Gründen unbedingt erforderlich. Allerdings sollte dieses Training nicht Gegenstand einer einzigen Unterrichtseinheit sein, da das so wichtige Metrumgefühl in kurzer Zeit kaum entwickelt werden kann. Es wird die Schüler in der gesamten Grundschulzeit begleiten.
Besonders effektiv ist das Vor- und Nachklatschen im ritualisierten Grundschulunterricht, denn dort können Rhythmusübungen täglich zu Beginn eingesetzt werden.

Methodische Tipps	**Zeit**	**Medien**
Musizieren		
• L erklärt S den Ablauf der Klatschübungen: L klatscht allein vor, dann klatschen die S den Rhythmus auf ein Signal des L nach. • L klatscht eintaktigen Rhythmus im 4/4-Takt vor – S klatschen nach. • Mehrfache Wiederholung ist vonnöten bis möglichst viele S den Rhythmus beherrschen. • Die Übung wird mit weiteren eintaktigen Rhythmen im 4/4-Takt fortgesetzt. • Rhythmen können auch gestampft, gepatscht oder geschnipst werden. • Stampfen, Patschen, Klatschen innerhalb eines Rhythmus abwechseln lassen.	10	AB 16
Musizieren		
• Die Übung wird mit zweitaktigen Rhythmen im 3/4- und 4/4-Takt fortgesetzt. • Zwei Gruppen werden gebildet: Gruppe 1 klatscht das Metrum, Gruppe 2 den verabredeten Rhythmus.	15	AB 16

Rhythmusbeispiele

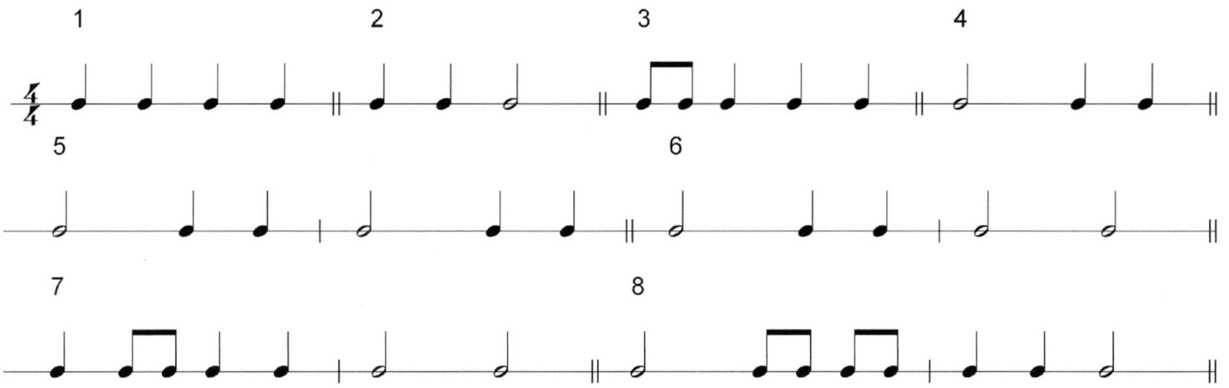

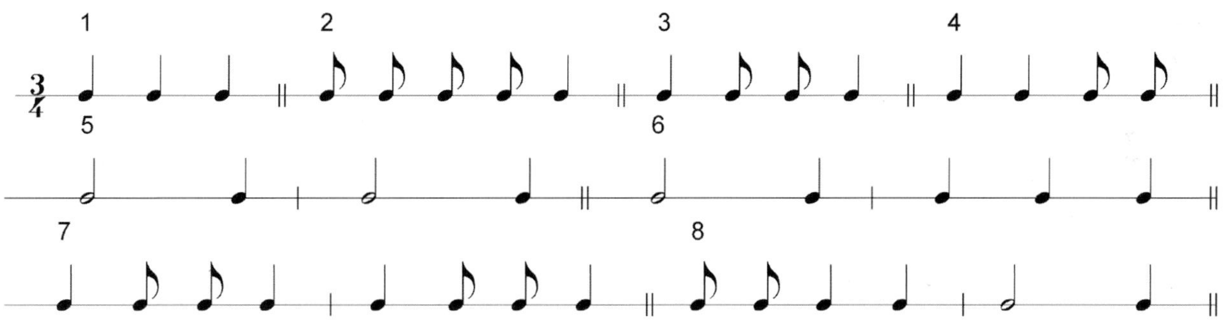

2. Verschiedene Klänge um uns herum

Vorbemerkungen:
Im Rahmen der Hörerziehung werden auch Geräusche aus unserer Umwelt einbezogen. Die Schüler lernen, bewusst zu hören und das Gehörte zu beschreiben.
Der Umgang mit den Glastönen wirkt sehr motivierend auf die Schüler. Sie können dadurch gut den Unterschied zwischen hohen und tiefen (dunklen und hellen) Tönen erlernen. Eine kleine Gießkanne für jede Gruppe und einige Handtücher sind von Vorteil.

Methodische Tipps	**Zeit**	**Medien**
Hören		
• S hören in Folge vier Tonbeispiele (versch. Wassergeräusche). • S äußern sich über das Gehörte und versuchen, die Geräusche zu beschreiben und zu vergleichen. • L hängt Bildkarten an die Tafel – S ordnen die Bildkarten beim erneuten Hören in der richtigen Reihenfolge an.	10	TB 18 Bildkarten, S. 53
• Spiel: Alle S schließen die Augen, ein S erzeugt im Raum ein Geräusch (z. B. Öffnen der Tafel, Trittgeräusche, mit einem Schlägel ein Waschbecken oder Glas anschlagen usw.) – die anderen S raten.	10	Schlägel
Musizieren		
• L präsentiert S unterschiedliche Gegenstände (z. B. Eimer, Schüssel, Gläser, Buch, Heft) und lässt sie von einem S mit einem Schlägel anschlagen. • S beschreiben das Gehörte mit den Begriffen kurz – lang, laut – leise, hoch – tief usw. • L: „Bei welchem Gegenstand kann man einen langen Ton (Schwebeklang) erzeugen?“ • S spielt die Gegenstände erneut an. S äußern ihre Vermutungen. Die Gläser werden als Schwebeklanginstrumente erkannt.	10	untersch. Gegenstände Schlägel
Musizieren		
• S erhalten für die Partnerarbeit jeweils drei Wassergläser. • Arbeitsauftrag: „Füllt ein Glas mit Wasser, spielt es mit einem Schlägel an und hört euch den Ton genau an. Füllt die anderen Gläser auch mit Wasser und versucht, drei unterschiedliche Töne zu erzeugen.“	10	Wassergläser Schlägel Handtücher
• S spielen ihre Ergebnisse vor. • Besprechung: Das volle Glas erzeugt den tiefsten Ton, das leere Glas den höchsten Ton. • S ordnen ihre Gläser: tiefer – mittlerer – hoher Ton (von links nach rechts).	5	Gläser Schlägel

Methodische Tipps	**Zeit**	**Medien**
• L spielt abwechselnd die drei Töne an. S zeigen die Tonhöhe mit: hoher Ton (Hand in Kopfhöhe), mittlerer Ton (Hand in Brusthöhe), tiefer Ton (Hand in Bauchhöhe).	10	Gläser Schlägel
Musizieren		
• L zeigt Töne mit der Hand an, S spielen im Metrum tiefen – mittleren – hohen Ton. • S spielen einfachen Rhythmus: tief – mittel – hoch nach Anzeige des L. 	5	

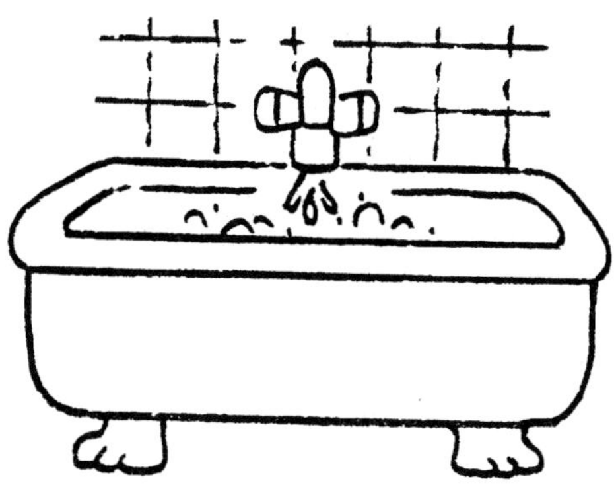

3. Rhythmusinstrumente kennenlernen

Vorbemerkungen:
Das Kennenlernen und der erste Umgang sollten sich auf ein überschaubares Maß an Instrumenten beschränken. Vorgeschlagen werden:

- Handtrommel (Fell);
- Holzblocktrommel, Klanghölzer, Guiro (Holz);
- Becken, Triangel, Schellenring (Metall);
- Maracas (Rassel), Schellentrommel (Mix).

In den ersten Stunden sollten Regeln zum gemeinsamen Musizieren erarbeitet werden, eine ruhige Arbeitsatmosphäre ist unabdingbar. Die Schüler sollten genug Zeit erhalten, das vorhandene Instrumentarium auszuprobieren.

Methodische Tipps	**Zeit**	**Medien**
Sprechen über Musik		
• In der Kreismitte liegt ein Tuch, unter dem Instrumente versteckt sind. • Ein S ertastet unter dem Tuch ein Instrument und beschreibt es den anderen S (Wie fühlt es sich an? Ist es warm oder kalt, eckig, rund, weich?). • Die anderen S versuchen, das Instrument zu erraten.	10	Rh.-Instr. Tuch
Musizieren		
• Spiel „Mein rechter, rechter Platz ist leer“: S sitzen alle mit beliebigem Instrument im Kreis; ein Platz ist leer. • Der links von dem freien Platz sitzende S ruft: „Mein rechter, rechter Platz ist leer, ich wünsche mir [Sonjas] Triangel her!“ • Aufgerufener S wechselt, sein Instrument spielend, den Platz.	10	Rh.-Instr.
Hören		
• Instrumente hörend identifizieren: Alle S haben ein Instrument. Ein S steht mit verbundenen Augen in der Kreismitte. • L nennt einen Instrumentennamen. • Alle S spielen gleichzeitig in möglichst gleicher Lautstärke. Der S versucht, das Instrument zu identifizieren und deutet darauf. • Dieses eine Instrument wird eine Weile alleine weitergespielt.	10	Rh.-Instr. Tuch
Hören		
• L teilt eine Tabelle zum Hören von Instrumenten aus. • Die Tabelle wird besprochen. • L spielt verdeckt ein Instrument – S kreuzen in der Tabelle an, welches Instrument sie gehört haben.	10	Rh.-Instr. AB 17

Methodische Tipps	Zeit	Medien
Musizieren		
• Alle S haben ein beliebiges Instrument. • L hält einzelne Instrumentenkarten hoch; S spielt das jeweilige Instrument kurz an und nennt den Namen. • L hängt Instrumentenkarten in einer Reihe an die Tafel. • L zeigt die Instrumente nach und nach an; S spielen ihr Instrument. • Gleiches Verfahren mit einer Doppelreihe: Es spielen immer zwei Instrumente gleichzeitig. • Ein S kann das Anzeigen der Instrumente übernehmen.		AB 18 a + b

AB 17

Wir hören verschiedene Instrumente

Kreuze in jeder Reihe das Instrument an, das du gehört hast.

	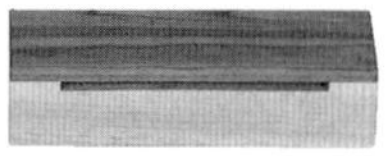		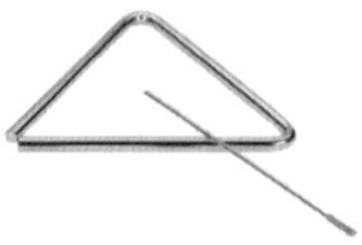		

Verbinde, was zusammengehört.

Becken 

Maracas 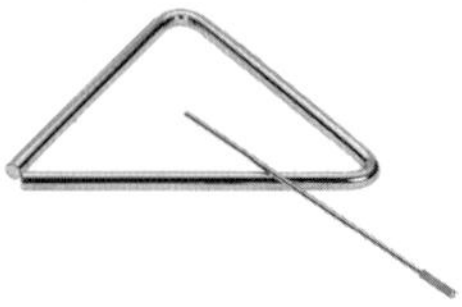

Triangel 

	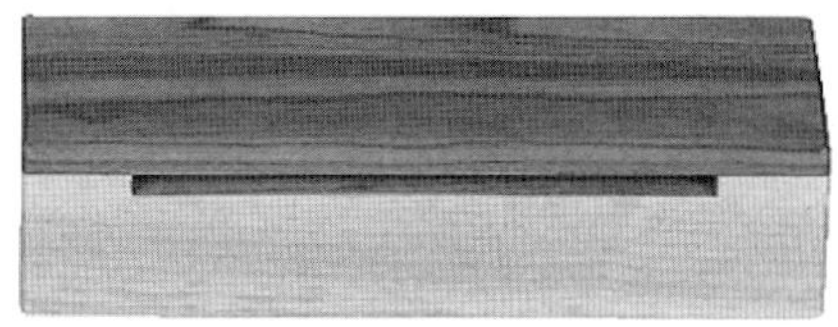
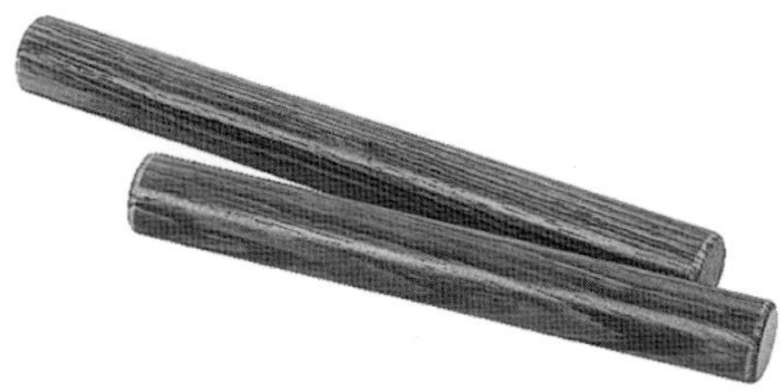	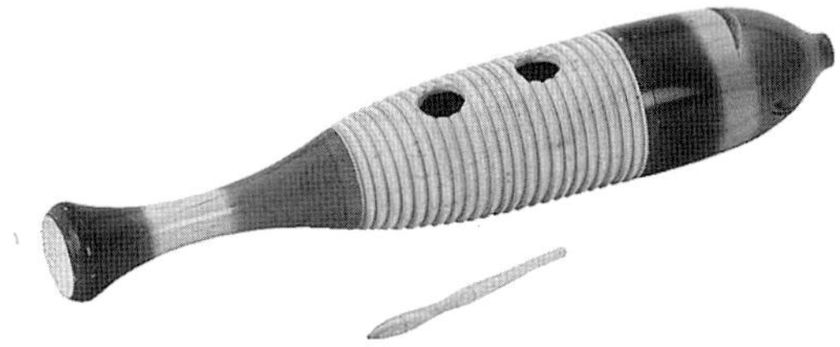
	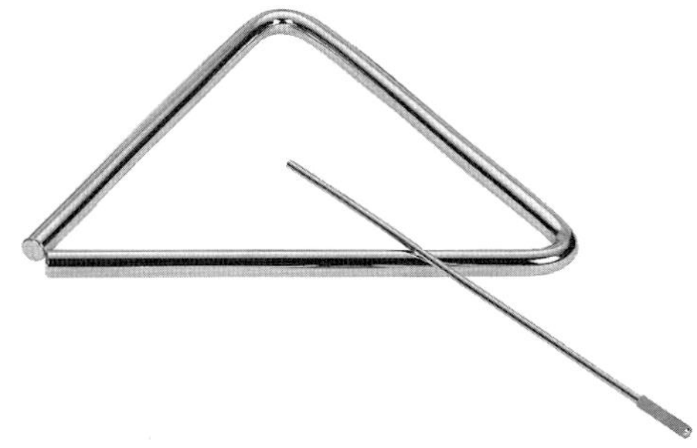

	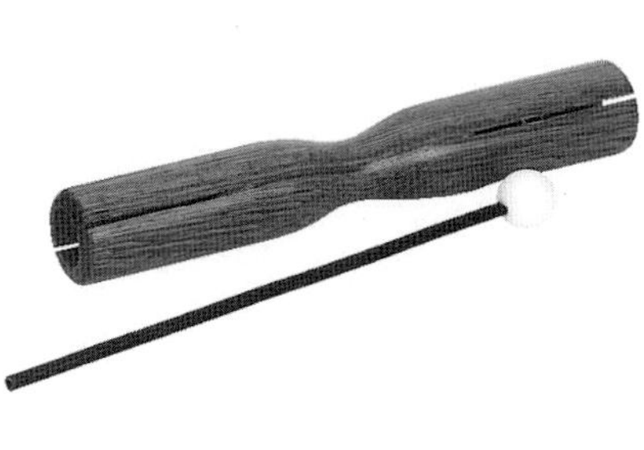

AB 18b

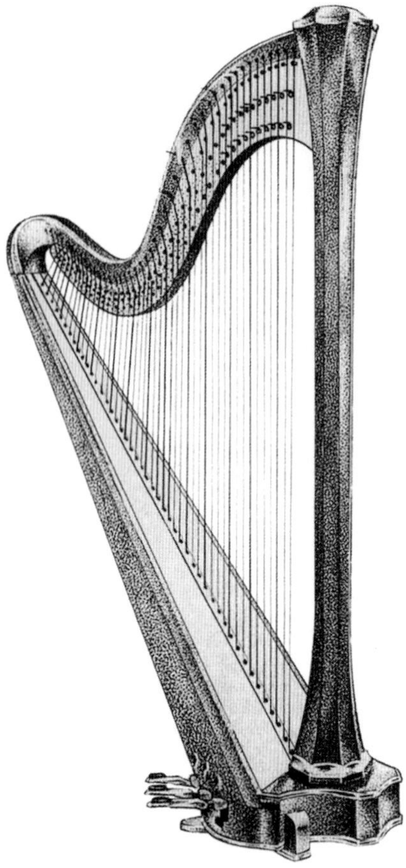

4. *Was die Instrumente sagen*

Vorbemerkungen:
Das schlichte Kinderlied ist geeignet, sehr junge Schüler mit Rhythmusinstrumenten bekannt zu machen.

Methodische Tipps	**Zeit**	**Medien**
Singen und den Text erläutern		
Was die Instrumente sagen Text: Franz Möckl, Musik: Karl Haus, Franz Möckl  © bei den Autoren • L singt Melodie vor, S singen die 1. Strophe nach (Alternative: Melodie wird von CD eingespielt). L liest die zweite und dritte Strophe rhythmisch vor. S suchen aus einer Anzahl bereitgestellter Rhythmusinstrumente die zum Text passenden und erproben diese.	15	Rh.-Instr. TB 19
Singen und Instrumente einsetzen		
• S singen die erste Strophe, ein S spielt dazu die Trommel. • Sie stellen mithilfe des L fest, wann genau die Trommel spielen soll: bei der Textstelle „wum, wum, wum". • Die erste Strophe wird wiederholt. Die S ohne Instrument stampfen das „wum, wum, wum". Gemeinsam werden die zweite und dritte Strophe gesungen und musiziert.	15	Rh.-Instr.
Singen, musizieren und sich bewegen		
• Die drei Strophen werden nochmals gesungen und musiziert. • Einzelne S bewegen sich zu den Strophen marschierend, auf Stelzen gehend (auf Zehenspitzen laufend) und auf Rollschuh laufend (das Gleiten imitierend).	10	Rh.-Instr.
Texte erfinden		
• Die übrigen Instrumente werden benannt, ausprobiert und in ihrem Klangcharakter beschrieben, z. B. Guiro: ratsch, ratsch, ratsch oder Cabasa: kss, kss, kss. • Evtl. Text für eine Strophe erfinden.	10	Rh.-Instr.

5. *Der Herbst ist da* – Liedbegleitung mit Instrumenten

Vorbemerkungen:
Das mehrstrophige Herbstlied können Schüler mithilfe von textunterstützenden Bildkarten gut erlernen.
Bei der Begleitung mit Rhythmusinstrumenten sollte darauf geachtet werden, dass nur Holzinstrumente (z. B. Klanghölzer, Holzblocktrommel) zum Einsatz kommen. Sollten die Schüler Schwierigkeiten mit dem Spielen des Rhythmus haben, so kann auch mit dem Metrum begleitet werden.

Methodische Tipps	Zeit	Medien
Musizieren		
• L teilt Rhythmusinstrumente aus. • Es folgt eine vorbereitende rhythmische Übung:  Nüs- se auf den Tel- ler Bir- nen in den Kel- ler • L spielt Rhythmus vor, S spielen auf Holzinstrumenten nach und sprechen dazu. • Es folgt eine mehrfache Wiederholung.	10	Holzinstr.
Hören von und sprechen über Musik		
• L erklärt, dass nun ein Herbstlied gesungen werden soll. • S hören das Herbstlied von der CD und äußern sich zum Text. • Nochmaliges Hören und Ordnen der Bildkarten an der Tafel: „In welcher Reihenfolge kommen die Herbstbegriffe vor?“	10	TB 20 AB 19 + 20
Singen		
• Das Lied wird mehrmals mit Unterstützung der CD gesungen. L zeigt Bilder an der Tafel mit.	10	TB 20 AB 19 + 20
Musizieren		
• S spielen Metrum auf Holzinstrumenten. • Es werden zwei Gruppen gebildet: Gruppe 1 spielt Metrum. Gruppe 2 spielt auf Signal von L den vorher erlernten Rhythmus dazu.	10	TB 20 Holzinstr.
• Evtl. Text für eine Strophe erfinden.		

Methodische Tipps	Zeit	Medien
• Spielen zur CD: – Zeile 1 und 2 – Begleitung im Metrum – Zeile 3 und 4 – Begleitung mit Rhythmus		TB 20
Singen und Musizieren		
• S singen das Lied und spielen dazu mit ihren Instrumenten.	5	Holzinstr.

Der Herbst, der Herbst ist da

Text und Melodie: Hans-Reinhard Franzke

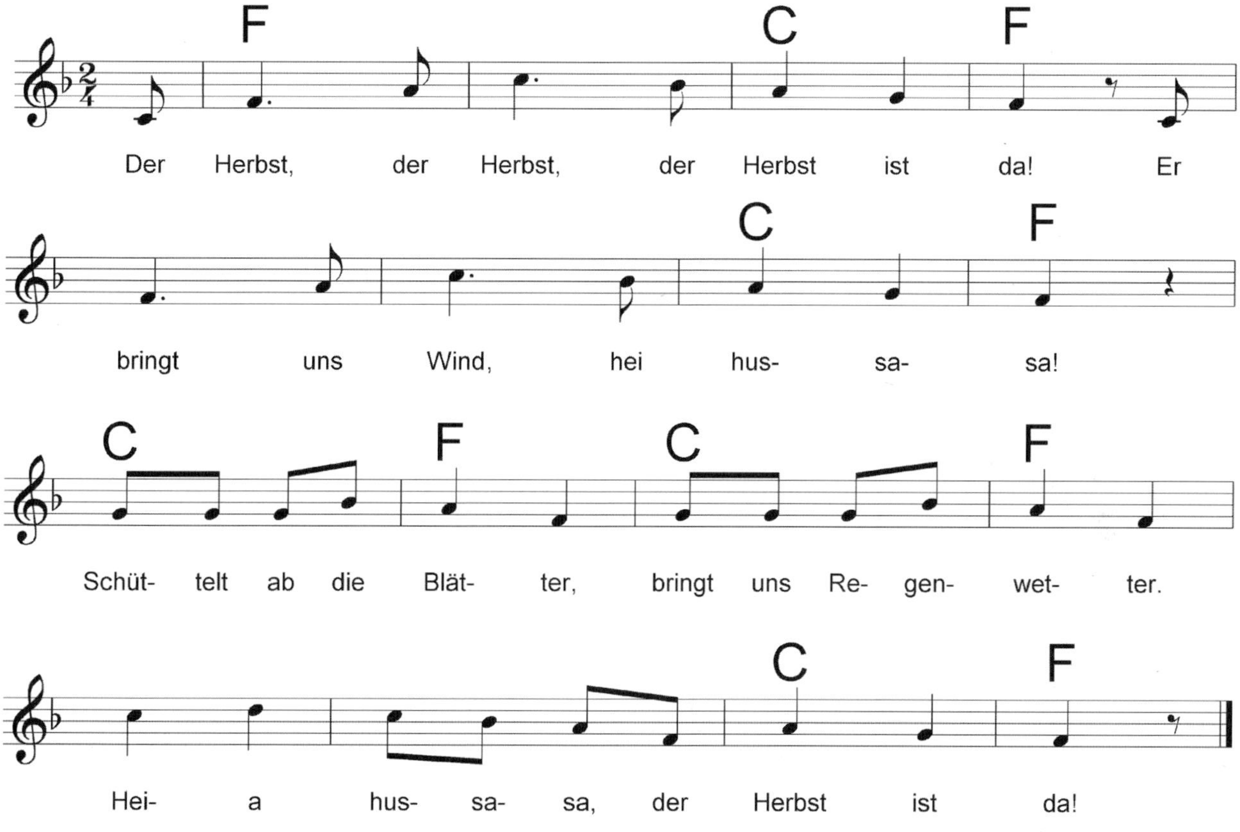

2. Der Herbst, der Herbst, der Herbst ist da!
Er bringt uns Obst, hei hussassa!
Macht die Blätter bunter,
wirft die Äpfel runter.
Heia hussassa, der Herbst ist da!

3. Der Herbst, der Herbst, der Herbst ist da!
Er bringt uns Wein, hei hussasa!
Nüsse auf den Teller,
Birnen in den Keller.
Heia hussassa, der Herbst ist da!

4. Der Herbst, der Herbst, der Herbst ist da!
Er bringt uns Spaß, hei hussassa!
Rüttelt an den Zweigen,
lässt die Drachen steigen.
Heia hussassa, der Herbst ist da!

AB 19

 bringt uns Wind	 schüttelt ab die Blätter
 bringt uns Regenwetter	 bringt uns Obst
 macht die Blätter bunter	 wirft die Äpfel runter

bringt uns Wein

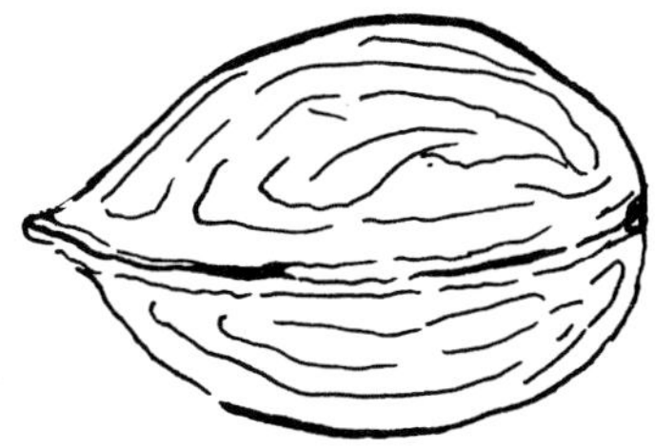

Nüsse auf den Teller

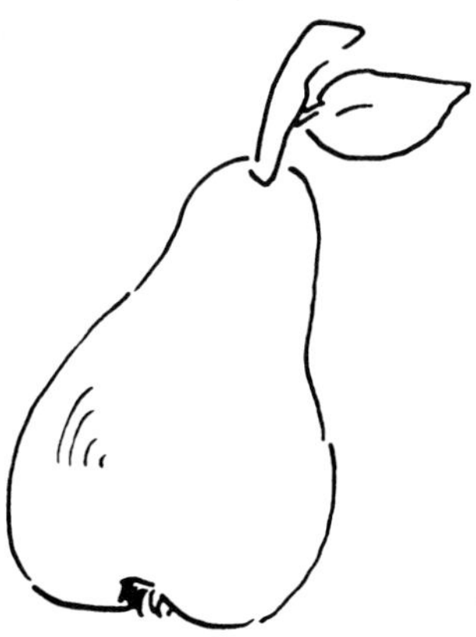

Birnen in den Keller

bringt uns Spaß

rüttelt an den Zweigen

lässt die Drachen steigen

6. *Die Maus niest* – eine Klanggeschichte

Vorbemerkungen:
Dieses Klangspiel kann sowohl mit Elementarinstrumenten als auch mit der eigenen Stimme verklanglicht werden.
Es gibt für die Verklanglichung der einzelnen Schlüsselwörter kein „richtig" oder „falsch" – vielmehr sollte der Lehrer die Schüler motivieren, verschiedene Klänge auszuprobieren, um eine besonders schöne Lösung zu finden. Dies kann in Partner- oder Gruppenarbeit sowie gemeinsam mit der ganzen Klasse geschehen.
Den Schülern werden mehrere unterschiedliche Rhythmusinstrumente zur Verfügung gestellt. Es können auch Alltagsgegenstände miteinbezogen werden.
Vorwiegend werden die musikalischen Eigenschaften laut – leise (forte – piano) sowie lauter werden – leiser werden (crescendo – decrescendo) zum Einsatz kommen. Im Mittelteil („Da piepsten die Vögel vor Schreck") sollte gemeinsam mit den Schülern überlegt werden, ob immer mehr Instrumente hinzukommen (Vögel, Blätter, Eidechse …) oder ob jede Verklanglichung einzeln vorgespielt werden soll.

Empfehlung zur Instrumentenauswahl:
Vögel (Triangel, Glockenspiel), Blätter (Handtrommel, Cabasa, Maracas), Eidechse (Maracas, Handtrommel), Löwe (eigene Stimme, Pauke, Handtrommel mit großem, weichem Schlägel), Affe (eigene Stimme, Stabspiele), Maus (eigene Stimme, Triangel, Maracas), Elefant (eigene Stimme)

Methodische Tipps	Zeit	Medien
Sprechen über Musik		
• L liest den S die Geschichte vor. • S sprechen über das Gehörte und überlegen gemeinsam, welche Dinge in der Geschichte musikalisch dargestellt werden können. • L macht darauf aufmerksam, dass auch die eigene Stimme miteingesetzt werden kann. • L stellt unterschiedliche Instrumente vor.	10	AB 21 Rh.-Instr.
Musizieren		
• L teilt S in kleine Gruppen oder Paare ein und weist ihnen einzelne Tiere zu. • S probieren unterschiedliche Möglichkeiten der Verklanglichung aus.	15	Rh.-Instr. AB 21
Musizieren		
• L liest die Geschichte vor und S spielen dazu. • Das Ergebnis wird besprochen. • In einem neuen Durchgang werden Verbesserungen mit einbezogen. • S kann die Sprecherrolle übernehmen.	15	Geschichte Rh.-Instr. AB 21

Die Maus niest

Text: Ruth Barley
Vorüberl. und Verklanglichung: Jutta Schwarting

Es war einmal im Wald. Still war's, ganz still und noch viel stiller,
kein Vogel sang,

kein Blatt zitterte,

keine Eidechse raschelte durchs Gras,
kein Affe schnatterte und
kein Löwe brüllte.
Da musste eine kleine Maus, die vor ihrem Loch saß
und sich über die Stille wunderte, plötzlich niesen.
Das hörte ein Elefant, der in der Nähe unter einem Baum stand

und sich ausruhte,

und musste laut darüber lachen.
Er prustete los
und dann lachte er das lauteste Elefantenlachen,
das der Wald je gehört hatte.
Da piepsten die Vögel vor Schreck und begannen zu flattern,
da zitterten die Blätter der Palmen,
da raschelte die Eidechse, so schnell sie konnte, durchs Gras,

da sausten alle Affen von dem einen
Baum herunter und auf den anderen
hinauf und schnatterten wild durcheinander,
und da brüllte der Löwe.
Die Maus aber huschte ganz schnell in ihr Loch und sagte:
„Ich habe gar nicht gewusst, dass ich so einen
gewaltigen Lärm machen kann."

7. *Der Stein* – eine Klanggeschichte

Vorbemerkungen:
Das Gedicht von Joachim Ringelnatz kann sehr unterschiedlich verklanglicht werden: entweder durch Verwendung vieler Instrumente, die gleichzeitig gespielt werden oder aber durch die Vertonung einzelner Zeilen. Hier kommt es nicht nur auf die Wahl der Instrumente an, sondern besonders auch auf die Spielweise.

Empfehlung zur Instrumentenauswahl:
Glockenspiel, Xylofon, Holzblocktrommel, Klanghölzer, Maracas, Becken

Methodische Tipps	Zeit	Medien
Musizieren		
Vorbereitende Übung: „Lawine“ • S sitzen im Kreis. • Ein S beginnt einen Rhythmus zu spielen, dann kommt der nächste S und spielt mit, bis die ganze Gruppe spielt. • Dann hört der erste S wieder auf usw.	5	Rh.-Instr.
Sprechen		
• L liest das Gedicht vor. • S äußern sich zu dem Gedicht, unbekannte Begriffe werden geklärt, z. B. „Was ist eine Lawine?“ • S sprechen gemeinsam das Gedicht (Text an der Tafel/AB). • Bei einem weiteren Durchlauf sprechen die S Zeile für Zeile immer lauter, entsprechend der größer werdenden Lawine. Die letzte Zeile wird leise gesprochen.	10	AB 22
Musizieren		
• L stellt Rhythmusinstrumente vor. • S wählen Instrumente und spielen während des Vortrages alle mit – erst leise, dann immer lauter werdend (crescendo).	5	Rh.-Instr.
• Variation: S überlegen gemeinsam, wie einzelne Zeilen musikalisch darstellbar sind. • S beginnen in Partnerarbeit einzelne Zeilen zu verklanglichen. • S präsentieren ihre Ergebnisse.	15	Rh.-Instr.
• Verklanglichung mit Stimmen und Instrumenten: Die gesamte Gruppe spricht eine Textzeile, anschließend spielt ein S-Paar sein Instrument.	10	Rh.-Instr.

Der Stein

Ein kleines Steinchen rollte munter
von einem hohen Berg hinunter.
Und als es durch den Schnee so rollte,
ward es viel größer als es wollte.
Da sprach der Stein mit stolzer Miene:
„Jetzt bin ich eine Schneelawine!“
Er riss im Rollen noch ein Haus
und sieben große Bäume aus.
Dann rollte er ins Meer hinein.
Und dort versank der kleine Stein.

von Joachim Ringelnatz

8. Spiele mit Rhythmusinstrumenten

Vorbemerkungen:
Diese Spiele dienen dazu, den Umgang mit den einzelnen Instrumenten zu üben, die Klangarten kennenzulernen und in einer Gruppe nach verabredeten Regeln zu spielen. Das Rhythmus- und Metrumgefühl wird gestärkt. Unterschiedliche Klangeigenschaften werden kennengelernt.

Methodische Tipps	Zeit	Medien
Musizieren		
• Alle S spielen gleichzeitig auf ihrem Instrument. • L zeigt gestisch die Lautstärke an (beide Handflächen übereinander: ganz leise spielen, wird der Abstand der Hände größer: lauter spielen).	5	Rh.-Instr.
• Auf ein verabredetes Signal (z. B. ein Schlag auf dem Triangel) beginnen alle S gleichzeitig zu spielen. Ertönt das Signal ein zweites Mal, hören alle gleichzeitig auf. • Das Signalinstrument bestimmt gleichzeitig die Lautstärke, d. h. je lauter das erste Signal ist, desto lauter spielen die S.	5	Rh.-Instr.
Musizieren		
• L hält während des Spiels Karten für lautes und leises Spielen hoch. • S spielen dementsprechend.	5	Rh.-Instr. AB 32
Musizieren		
• Spiel „Lawine“: S sitzen im Kreis. Ein S beginnt zu spielen, dann kommt der nächste S und spielt mit, bis die ganze Gruppe spielt. Dann hört der erste S wieder auf usw. • Variation: Der erste S spielt einen Rhythmus, der von den folgenden S imitiert wird.	5	Rh.-Instr.
• Spiel „Gegenstände suchen“: Ein Gegenstand wird im Raum versteckt – ein S muss diesen mithilfe der Gruppe suchen. • Ist der S weit von dem gesuchten Gegenstand entfernt, spielt die Gruppe ganz leise, je näher er kommt, desto lauter wird gespielt.	10	Rh.-Instr. Gegenstand
• Spiel „Klangteppich“: Es werden mehrere Teppichfliesen in der Stuhlkreismitte ausgelegt. Jeder Fliese wird ein Instrument zugeordnet. • Ein S springt von Fliese zu Fliese, die S im Kreis spielen dazu auf dem entsprechenden Instrument.	10	Teppichfliesen Rh.-Instr.

9. Wir ordnen Rhythmusinstrumente

Vorbemerkungen:
Die Elementarinstrumente können nach unterschiedlichen Kriterien geordnet werden, beispielsweise nach der Form, der Spielweise, dem entstehenden Klang oder dem Material, aus dem sie bestehen. Eine bewährte und von den Schülern sichtbar nachzuvollziehende Möglichkeit stellt die Ordnung nach dem Material dar.

Holzinstrumente: Klanghölzer, Röhrenholztrommel, Holzblocktrommel, Guiro **Fellinstrumente:** Handtrommel, Bongos, Pauke	**Metallinstrumente:** Triangel, Becken, Schellenring, Cabasa **Mixinstrumente:** Maracas, Schellentrommel

Methodische Tipps	**Zeit**	**Medien**
Musikinstrumente ordnen		
• L fordert S auf, vorhandenes Instrumentarium zu ordnen. • S finden vermutlich unterschiedliche Ordnungskriterien, die sie begründen sollen. • Stummer Impuls: L legt Holzblocktrommel und Klanghölzer nebeneinander. • S ordnen die anderen Instrumente nach den Kriterien Holz-, Fell- und Metallinstrumente.	10	Rh.-Instr.
Musizieren		
• S bilden drei Gruppen mit jeweils Holz-, Fell- und Metallinstrumenten. Evtl. Mix-Gruppen bilden. • L hält Karten mit den Begriffen Holz, Fell und Metall abwechselnd hoch – die jeweiligen Gruppen spielen auf ihren Instrumenten.	10	Karten Rh.-Instr.
• S erhalten AB und tragen Holz-, Fell-, Metallinstrumente ein.	10	Rh.-Instr. AB 23

AB 23

Wir ordnen unsere Instrumente

Schau dir die Instrumente genau an, spiele sie kurz und trage die Instrumentennamen in die Tabelle ein. Wenn du einen Namen nicht mehr weißt, kannst du das Instrument auch hineinmalen.

Holzinstrumente	Fellinstrumente	Metallinstrumente
		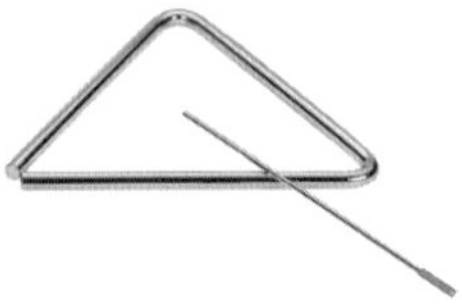

Gibt es auch Instrumente, die du nicht zuordnen kannst?

Trage sie hier ein.

10. Erste Begegnung mit Boomwhackers

Vorbemerkungen:
Boomwhackers sind Plastikröhren verschiedener Farbe, Länge und Tonhöhe. Sie eignen sich für Rhythmus- und Melodiespiele, aber auch für die akkordische Liedbegleitung.

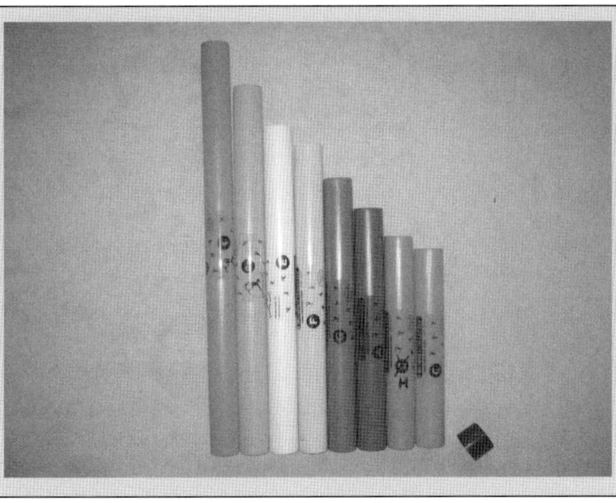

Diatonischer Satz von c 1 bis c 2
Wird die schwarze Kappe auf ein Instrument aufgesetzt, so klingt der Ton um 1 Oktave (= 8 Töne) tiefer.

Methodische Tipps	Zeit	Medien
Erkunden der Boomwhackers		
• L legt einen Satz Boomwhackers im Stuhlkreis in die Mitte: Äußerungen zu Farbe, Länge und Form. • Einzelne S versuchen, den Instrumenten Töne zu entlocken. • Die Instrumente werden nach der Länge (= Tonhöhe) geordnet. Es ergibt sich eine Tonleiter von c 1 bis c 2. • L und S erarbeiten Regeln für das Spielen mit Bw.: nur den eigenen Körper berühren, nicht über eine scharfe Kante schlagen (Zerstörungsgefahr) usw. • L verteilt die Bw., geordnet nach Tonhöhen, an die S (Alternative: 8 S holen sich je ein Instrument und setzen sich in Tonleiteraufstellung). Die längste Röhre wird – aus Schülersicht – links außen positioniert. • S probieren verschiedene Anschlagstechniken aus und führen ihre Ergebnisse vor (bewährt haben sich: der Schlag in die Handinnenfläche und der Schlag auf den Oberschenkel).	20	Bw.
Musizieren		
• Alle S spielen einen leichten Rhythmus, z. B.  abwechselnd in die Handinnenfläche und auf den Oberschenkel.	10	Bw.

11. Wahrnehmungs- und Gehörspiele mit Boomwhackers

Vorbemerkungen:
Mit Boomwhackers lassen sich Wahrnehmungs- und Gehörübungen auf spielerische Art durchführen.

Methodische Tipps	Zeit	Medien
Hören, musizieren und sich bewegen		
• S stellen sich in einer Kette hintereinander auf und halten einen Bw. in der Hand. • Sie stampfen auf der Stelle und spielen dazu auf ihrem Instrument. • Sie gehen nun durch den Raum und spielen im Metrum. • L gibt einen Rhythmus vor, den S beim Gehen spielen, z. B. 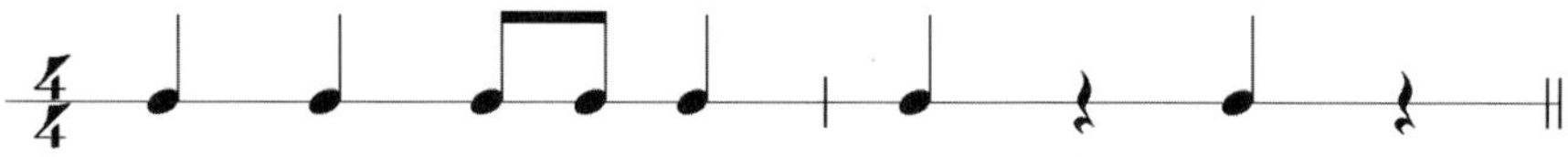	10	Bw.
• Drei Bw. mit sehr unterschiedlichen Tönen liegen in der Kreismitte, z. B. c1 – f1 – h1. • L spielt sie je einmal an, S merken sich die Töne. • S schließen die Augen und benennen den vom L gespielten Ton (bzw. die Farbe der Röhre). • Schwierigkeitssteigerung: Bw. mit drei ähnlich klingenden Tönen werden ausgelegt, z. B. d1 – e1 – f1. • Weitere Höraufgaben mit diesen Tönen folgen. • Ein S mit der richtigen Lösung legt drei neue Bw. aus. • S dürfen jetzt nicht mehr vorher probieren, sondern müssen sofort eine Lösung anbieten.	15	Bw.
• Acht S mit Bw. und den Tönen c 1 bis c 2 stehen mit Blick zur Tafel vor der im Stuhlkreis sitzenden Klasse und probieren ihre Töne aus, um sie sich zu merken. • Einer der sitzenden S spielt einen Ton an, den die stehenden S finden sollen; sie dürfen kurz probieren. • Der S mit der richtigen Lösung spielt den Ton laut vor und wechselt mit dem anderen den Platz. • Mehrere Wiederholungen folgen nun, bis alle dran waren.	10	Bw.

12. Rhythmusspiele mit Boomwhackers (1)

Vorbemerkungen:
Rhythmusspiele mit Boomwhackers dienen der Konzentrations- und Gehörschulung. Sie können mit allen Instrumenten gleichzeitig ausgeführt werden, weil die verschiedenen Klänge/ Töne sich wie bei Rhythmusinstrumenten gut mischen.

Methodische Tipps	Zeit	Medien
Musizieren		
• S spielen mit Bw. im Stuhlkreis einzeln das Metrumspiel: Jeder hat genau vier Schläge im Metrum zu spielen, dann ist der Nachbar dran usw. Eine Wiederholung mit drei, zwei und einem Metrumschlag anschließen lassen. • L gibt einen leichten Rhythmus in drei Lautstärken vor, der von den S nachgespielt wird, z. B. 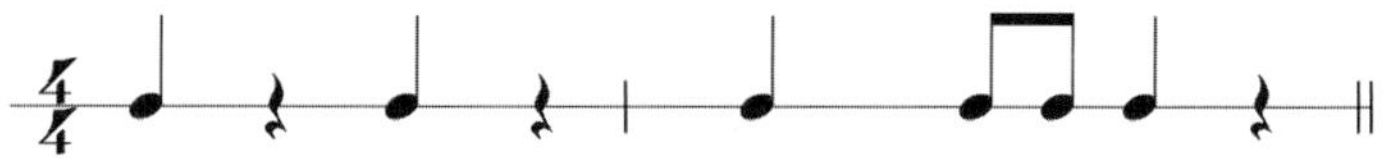 1. f (laut) 2. mf (halblaut) 3. p (leise) • Derselbe Rhythmus wird abwechselnd in die Handinnenfläche und auf die Oberschenkel geschlagen. • S spielen den Rhythmus auf Zuruf nach Farben, z. B. nach dem Kommando: „Es spielt Rot!" • Ein gemeinsam gefundener Rhythmus wird so durch die Reihe gespielt, dass zuerst ein S, dann zwei, drei usw. musizieren. Wenn alle spielen, dann kommt der Rückweg.	20	Bw.
• Tutti-Solo-Spiel: Ein vorgegebener Rhythmus wird von allen S dreimal gespielt. Dann wiederholt ein S diesen Rhythmus allein. Alle S kommen der Reihe nach dran (Wechsel des Rhythmus). • Schwierigkeitssteigerung: Ein vereinbarter Rhythmus wird dreimal gespielt, dann erfindet ein Solist einen eigenen. • Ein Rhythmus wandert durch die gesamte Reihe. • L beginnt einen zweiten Rhythmus, sodass zwei gleichzeitig erklingen. Geeignete Rhythmen sind: 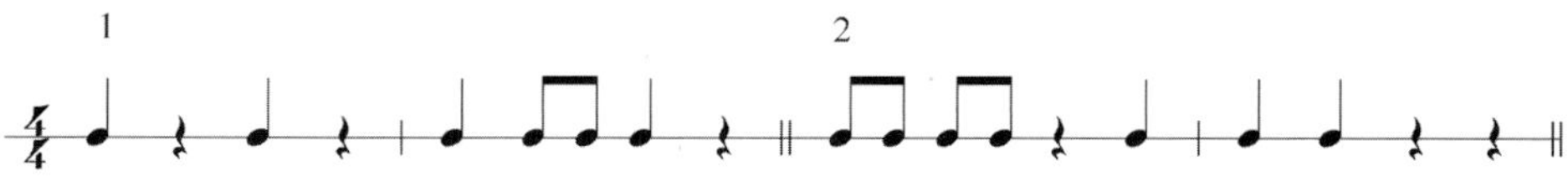 Bei Schwierigkeiten können beide Rhythmen zuerst einzeln geübt werden.	20	Bw.

13. Rhythmusspiele mit Boomwhackers (2)

Vorbemerkungen:
Ein Rhythmus- und Bewegungsspiel zur Konzentrationsschulung.

Methodische Tipps	Zeit	Medien
Musizieren		
• S stehen im Kreis und halten einen Bw. in der Hand. • Jeder S spielt vier Schläge so schnell er kann, dann ist der nächste dran. Die Zeit wird gestoppt. • Dasselbe wird mit drei und zwei Schlägen, zuletzt mit einem Schlag gestoppt.	10	Bw. Stoppuhr
• S stehen sich in zwei Reihen mit Blick zueinander, in nötigem Abstand und in Tonleiteraufstellung gegenüber (die direkten Partner haben also denselben Ton). • Reihe 1 hält ihr Instrument mit beiden Händen in Augenhöhe waagerecht fest und bildet so eine Schlagfläche für die Spieler von Reihe 2. • L gibt ein mittleres Tempo vor und gibt folgendes Kommando: Schlag – still – still – still – Schlag – usw. • S spielen auf „Schlag“ gemeinsam einen Ton und pausieren dann entsprechend. • L verkürzt auf: Schlag – still – still – Schlag usw., S folgen. • L verkürzt weiter: Schlag – still – Schlag – still und Schlag – Schlag, sodass schließlich ohne Pause gespielt wird. • L lässt nun den Schlag durch die Reihe wandern, d. h. es erklingen nacheinander die Töne der Tonleiter von c 1 bis c 2 und zurück. • Die Aufgaben für die beiden Reihen werden gewechselt.	15	Bw.
Doppelreihe: • Schwierigkeitssteigerung: vier Spielgruppen spielen Dreiklänge: Gruppe 1: c1 – e1 – g1; Gruppe 2: d1 – f1 – a1; Gruppe 3: e1 – g1 – h1; Gruppe 4: f1 – a1 – c2. • L zählt vor: 1 – 2 – 3 – 4, Gruppe1 spielt gleichzeitig ihre Töne, dann spielt Gruppe 2 gleichzeitig ihre Töne usw.; alles möglichst in mittlerem Tempo und im Metrum.	10	Bw.

14. *It’s easy* – Melodiespiel mit Boomwhackers zu einem Playback

Vorbemerkungen:
Vorausgesetzt wird, dass den Schülern die grafische Notation bekannt ist. Die Raster-Notation wird am folgenden Mitspielsatz entwickelt.

Raster-Notation: Die Punkte aus der grafischen Notation für die Tonlängen werden kombiniert mit Buchstaben für die Tonhöhen.

<table>
<tr><th>Methodische Tipps</th><th>Zeit</th><th>Medien</th></tr>
<tr><td>Musizieren</td><td></td><td></td></tr>
<tr><td>
• L zeigt den S die Notation zu dem Mitspielsatz „It’s easy“ auf Folie. Er deckt zunächst nur die ersten zwei Takte der c-Zeile auf.
<table>
<tr><th></th><th>1</th><th>2</th><th>3</th><th>4</th><th>1</th><th>2</th><th>3</th><th>4</th></tr>
<tr><td>c</td><td>○</td><td>//</td><td>○</td><td>○</td><td>○</td><td>○</td><td>○</td><td></td></tr>
</table>
• S spielen diesen Rhythmus auf Rhythmusinstrumenten.
• L zeigt nun die erste Spalte der Raster-Notation mit den Tonnamen für die entsprechenden Bw.
<table>
<tr><td>g</td></tr>
<tr><td>f</td></tr>
<tr><td>e</td></tr>
<tr><td>d</td></tr>
<tr><td>c</td></tr>
</table>
• S lesen die Buchstaben für die benötigten Töne und nehmen sich die zugehörigen Bw. Die übrigen S verwenden für das Spiel weiterhin Rhythmusinstrumente.
• S mit dem c-tief-Bw. musizieren ihren Rhythmus.
• L zeigt nun den gesamten Teil A des Mitspielsatzes.
• S entdecken die Ähnlichkeit der Takte 1/2 mit den Takten 3/4 und spielen den Teil A alle miteinander.
• Nur die entsprechenden Bw. spielen diesen Teil, bei der Wiederholung musizieren alle.
</td><td>20</td><td>Notation, S. 76
Bw.
Rh.-Instr.</td></tr>
<tr><td>• Teil B wird entsprechend erarbeitet.</td><td>10</td><td>Notation, S. 76
Bw.
Rh.-Instr.</td></tr>
<tr><td>• L erklärt Gesamtablauf des Mitspielsatzes:
4 × A, 1 × B, 2 × A; dann Gesamtwiederholung.
• S spielen den Mitspielsatz einmal ganz durch.</td><td>15</td><td>Notation, S. 76
Bw.
Rh.-Instr.</td></tr>
</table>

Methodische Tipps	**Zeit**	**Medien**
Hören und Notation mitlesen		
• S hören nun den Mitspielsatz (Fassung mit deutlich hörbaren Bw.). • Beim zweiten Hören verfolgt ein S die Notation mit einem Zeigestock.	10	TB 21 Notation, S. 76
Musizieren		
• S spielen die Melodie zum Mitspielsatz dazu. • Sie überlegen, wie die Rhythmusinstrumente eingesetzt werden können, z. B. immer abwechselnd alle bzw. mit den Bw.	10	TB 21 Bw. Rh.-Instr. Notation, S. 76

Mitspielsatz für Boomwhackers

von D. Zuther

It's easy

4 Takte Vorlauf, dann II: A – A – A – A – B – A – A:II 4 Takte Zwischenspiel: II Wiederholung ab A.

A

	1	2	3	4	1	2	3	4	1	2	3	4	1	2	3	4
g																
f																
e									○	//	○	○				
d																
c	○	//	○	○	○	○	○						○			

B

g									○	//	○	○				
f													○	○	○	
e																
d	○	//	○	○	○	○	○									
c																

g													○	○	○	
f									○	//	○	○				
e																
d	○	//	○	○	○	○	○									
c																

15. Erste Begegnung mit Stabspielen

Vorbemerkungen:

Stabspiele sind Instrumente mit Klangstäben verschiedener Länge, die auf Resonanzkästen aufliegen und dadurch im Klang verstärkt werden.

Glockenspiele:
Stäbe aus Metall, für die höheren Tonlagen, häufig in roter, gelber oder blauer Farbe

Metallofone:
Stäbe aus Metall, für die mittleren und tiefen Tonlagen, fast immer in hellgrauer Einfärbung

Xylofone:
Stäbe aus Holz oder Kunststoff, gelb oder dunkelbraun

Die Schlägel sind meist aus Holz (für die Glockenspiele) oder aus Filz (für die Metallofone und Xylofone).

Methodische Tipps	**Zeit**	**Medien**
Musizieren		
• L gibt Stabspiele an S aus und lässt sie diese eine kurze Zeit ausprobieren. • Einzelne S spielen etwas vor oder berichten, was sie entdeckt haben. • L (und später S) nennt Tonnamen und lässt sie auf den Instrumenten suchen und vorspielen. • L fragt nach dem Namen für den Ton links von/rechts von g und lässt ihn spielen. • L lässt den höchsten/tiefsten Ton benennen und spielen. • S suchen nach Tönen, deren Namen zweimal vorkommen, z. B. c – c, d – d usw. • S lesen die Namen der Töne der Reihe nach vor, also c – d – e … und spielen sie; erst einzelne S, dann alle gemeinsam. • Hinweis auf Schlägelhaltung: Handrücken nach oben, Zeigefinger nicht auf Schlägel legen. Anschlagpunkt: in der Mitte des Stabes, der in federndem Schlag verlassen wird.	15	Stabspiele

Methodische Tipps	**Zeit**	**Medien**
Musizieren		
• L spreizt eine Hand: der kleine Finger = c, der Ringfinger = d, der Mittelfinger = e, der Zeigefinger = f, der Daumen = g. • L zeigt verschiedene Tonfolgen an, die von den S gespielt werden, z. B c – d – c oder g – f – g usw. Reihenfolge: Zeigen – Notennamen nennen lassen – spielen • Ein S kann L-Rolle übernehmen. • Dieses Spiel kann auf drei oder vier Töne ausgeweitet werden, z. B. 	15	Stabspiele
Musizieren		
• L spielt einen beliebigen Dreiklang vor. • L gibt Anfangston vor und lässt ihn nachspielen. • Es werden Dreiklänge von verschiedenen Tönen aus aufwärts und abwärts gespielt. • S legen auf die gespielten Töne/Stäbe kleine Märkchen und beschreiben die Abstände. • Sie lernen die Merkmale eines Dreiklangs: 3 Töne, getrennt durch jeweils einen Zwischenton/einen Stab. • Jeweils drei S suchen sich einen Dreiklang aus und spielen ihn zuerst nacheinander, dann gleichzeitig.	15	Stabspiele

16. Praktischer Umgang mit der Tastatur

Vorbemerkungen:
Der Umgang mit der Tastatur setzt voraus, dass die Schüler des Öfteren Erfahrungen im Spielen auf Stabspielen gesammelt haben.

Tastatur: Sie besteht – bei Klavier, Keyboard, Akkordeon ... – aus weißen und schwarzen Tasten. Die schwarzen Tasten sind abwechselnd in Zweier- und Dreier-Gruppen angeordnet („Zwillinge“ und „Drillinge“).
Unabhängig von der Farbe haben alle Tasten den Abstand von einem Halbton (= kleinster Abstand zwischen zwei Tönen).

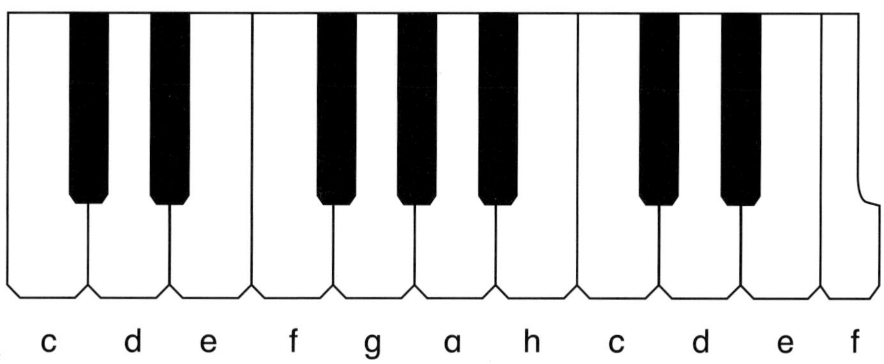

Methodische Tipps	Zeit	Medien
Musizieren		
• L gibt Notenname vor, z. B. „g“. • S suchen ihn auf ihrem Instrument und spielen ihn. • Wiederholung mit anderen Noten und Tönen vornehmen. • L lässt Taste rechts von „a“ suchen, benennen und spielen. • Wiederholung mit anderen Tasten folgt. • S spielen alle Töne auf ihrem Instrument, vom tiefsten bis zum höchsten. • Sie benennen alle weißen Tasten der Reihe nach mit Namen.	15	Stabspiele
Tastatur betrachten und benennen		
• L zeigt Tastatur und deutet auf eine bestimmte Taste. • S nennen den Namen und spielen den Ton. • Es folgt eine Wiederholung mit anderen Tönen. • S beschriften die Tastatur zunächst auf der Folie für alle sichtbar, dann jeder für sich.	15	AB 24

AB 24

Glockenspiel-Tastatur

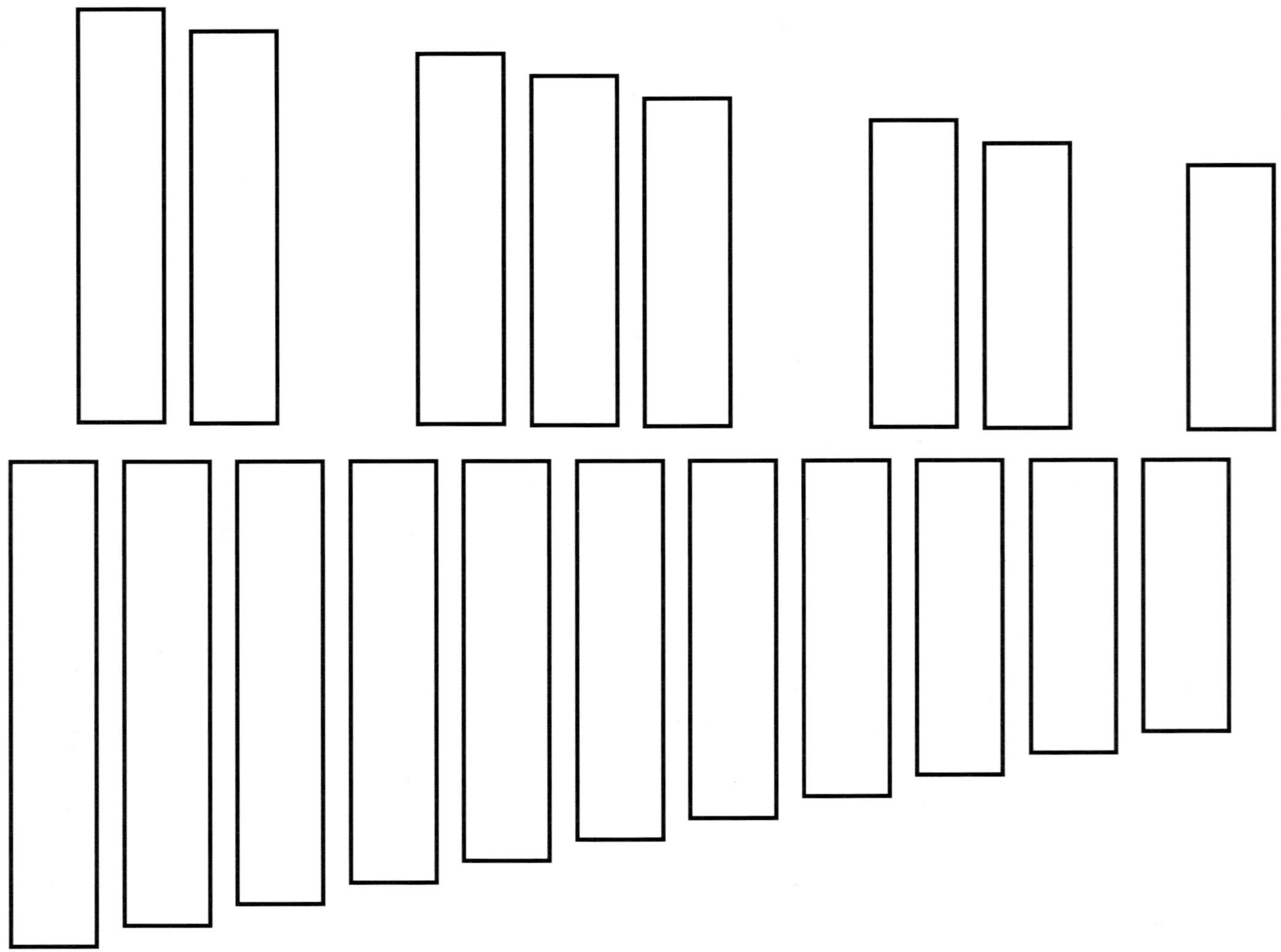

17. *Lasst uns froh und munter sein* – eine Liedbegleitung mit Grundtönen

Vorbemerkungen:
Das aus dem Hunsrück stammende Lied ist Bischof Nikolaus von Myra gewidmet, der im Mittelalter als Wohltäter der Armen auftrat. Es wird hier mit den Grundtönen von Dreiklängen begleitet und ausgeschmückt.

Grundton:
Der meist tiefste Ton eines Dreiklangs.
Liedbegleitung:
Die über Liedmelodien stehenden Buchstaben können direkt zur Liedbegleitung mit Boomwhackers oder Stabspielen verwendet werden. Dabei gilt, dass sie in der Regel auf der 1. Zählzeit jedes Taktes gespielt werden, bei Liedern im 4er-Takt nach Wunsch außerdem auf der 3. Zählzeit. Diese Buchstaben können so lange gespielt werden, bis sie von einem neuen Buchstaben abgelöst werden.

Methodische Tipps	Zeit	Medien
Singen		
• S singen das ihnen bekannte Nikolauslied oder hören es von der CD. • Sie begleiten das Singen mit Klatschen auf der 1. und 3. Zählzeit. L spielt dazu das Metrum auf Klanghölzern. 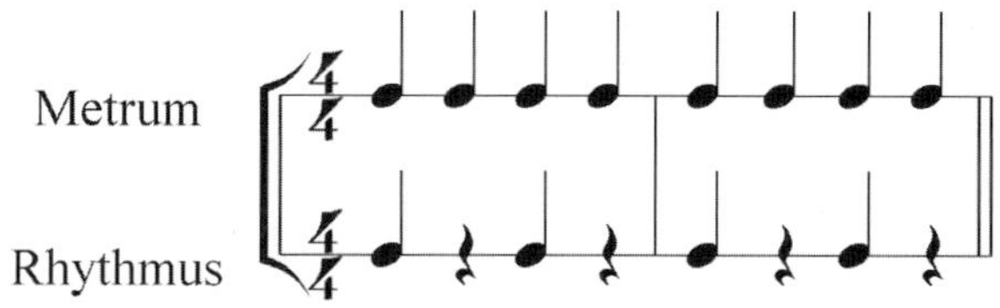 	10	TB 22 Klanghölzer
Notieren		
• L präsentiert die Melodie im Notenbild. • S unterstreichen die zuvor geklatschten Silben.	10	AB 25
Musizieren		
• Stabspiele werden aufgebaut. (Hinweis: Die tiefen Instrumente stehen links, die hohen rechts, aus Sicht der S.) • L zeigt Liedbegleitung in Buchstaben-Notation.	20	Stabspiele AB 25

Methodische Tipps	Zeit	Medien
Lasst und froh und munter sein aus dem Hunsrück Begleitung für Stabspiele und Rhythmusinstrumente 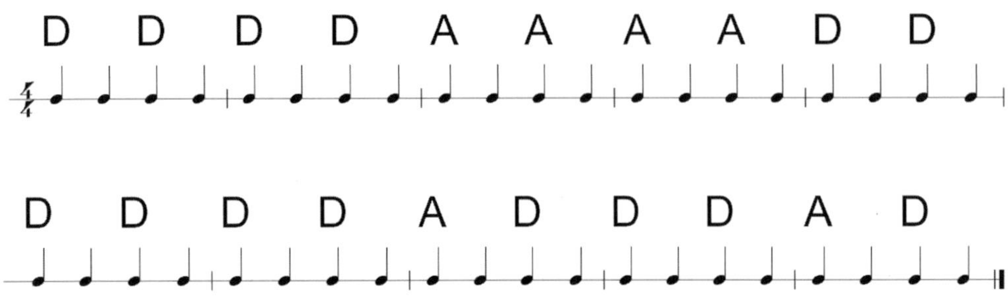		
• S suchen die Töne auf den Stabspielen und spielen sie abwechselnd allein und auch zusammen. • L bildet zwei Spielgruppen: eine D-Gruppe und eine A-Gruppe. • Die Gruppen üben die Begleitstimme unter Anleitung des L und mit unterlegtem Metrum. • Nach mehrmaligem Wiederholen spielt L die Melodie auf einem Instrument dazu. • Einige S singen die Melodie, die übrigen begleiten auf Stabspielen bzw. Klanghölzern. • Ggf. kann zur CD mitspielt werden.		Stabspiele Klang- hölzer TB 22

Lasst und froh und munter sein

aus dem Hunsrück

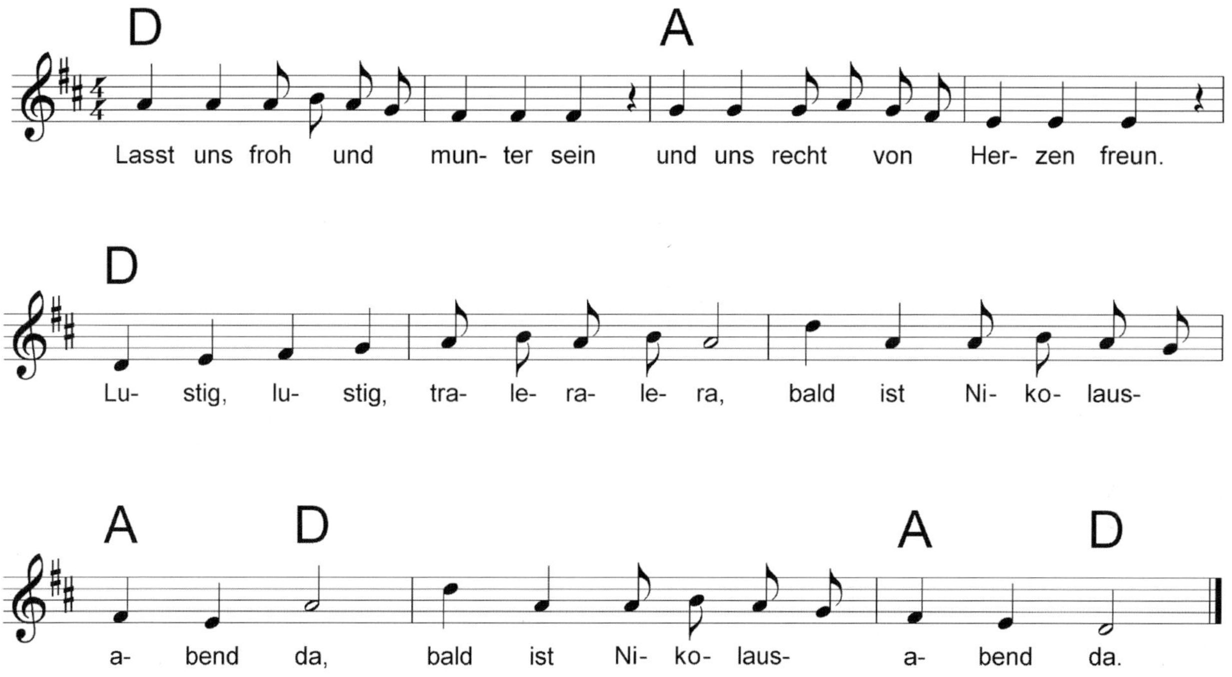

2. Dann stell ich den Teller auf,
Niklaus legt gewiss was drauf.
Lustig, lustig, traleralala,
bald ist Nikolausabend da,
bald ist Nikolausabend da!

3. Wenn ich schlaf, dann träume ich:
jetzt bringt Niklaus was für mich.
Lustig, lustig, traleralala,
heut' ist Nikolausabend da,
heut' ist Nikolausabend da.

4. Wenn ich aufgestanden bin,
lauf' ich schnell zum Teller hin.
Lustig, lustig, traleralala,
bald ist Nikolausabend da,
bald ist Nikolausabend da.

5. Niklaus ist ein guter Mann,
dem man nicht genug danken kann.
Lustig, lustig, traleralala,
bald ist Nikolausabend da,
bald ist Nikolausabend da.

1. Die Pauke wirbelt

Vorbemerkungen:
Schlaginstrumente faszinieren Schüler immer wieder. Sie animieren sie zu kräftigem und oft auch lautem Spiel. Dies sollte auch zugelassen, dann aber in Bahnen gelenkt werden.
Im Verlauf des Unterrichts kann zudem das oftmals Bedrohliche der Pauke thematisiert werden (Gewitterdarstellung; Gewehrschüsse bei „Peter und der Wolf“).

Methodische Tipps	**Zeit**	**Medien**
Einleitendes Gespräch		
• Gespräch über ein Gewitter, das die S erlebt haben (Schwerpunkt: Blitz und Donner).	5	
Musizieren		
• Rhythmusinstrumente werden bereit gelegt: Becken, Glockenspiel, Klanghölzer, Handtrommel (oder Pauke). • S wählen entsprechende Instrumente aus und vertonen Blitz und Donner.	10	Rh.-Instr.
Hören		
Hörbeispiel: L. v. Beethoven: „6. Sinfonie“, 4. Satz, Ausschnitt • S hören einen Ausschnitt aus der Sinfonie. • Sie beschreiben das Gehörte und bringen es in Zusammenhang mit der eigenen Vertonung. Der Donner wird von der Pauke dargestellt. • S identifizieren die Pauke als das infrage kommende Instrument.  Die **Pauke** besteht aus einem Fell und einem Kessel, der den Ton verstärkt. Sie kann gestimmt werden und spielt dann verschiedene Töne.	15	TB 23
Hören		
Hörbeispiel S. Prokofieff: „Peter und der Wolf“, Gewehrschüsse • L: „Was erzählt diese Geschichte?“ • S identifizieren, falls sie das musikalische Märchen kennen, die entsprechende Stelle aus der Geschichte. • Sie beschreiben, wie die Pauke spielt: harte und laute Einzeltöne. • S imitieren dies auf der Pauke bzw. einer möglichst großen Handtrommel unter Benutzung eines weichen Schlägels.	10	TB 24 Handtrommel

<table>
<tr><td>Hören</td><td></td><td></td></tr>
<tr><td>Hörbeispiel: J. Haydn: „Sinfonie mit dem Paukenwirbel“,1. Satz, Anfang
• S vermuten, wie die Pauke hier gespielt wird: Sie wird abwechselnd mit zwei Schlägeln sehr schnell gespielt.
• Sie ahmen dies mit zwei Fingern auf dem Tisch nach.</td><td>10</td><td>TB 25</td></tr>
<tr><td>Hören und Notation verfolgen</td><td></td><td></td></tr>
<tr><td>Hörbeispiel: W. A. Mozart: „Sinfonie Nr. 39“, Menuett
• L legt Folie mit grafischer Notation auf und zeigt den Verlauf während des Anhörens mit.

Teil a zum Mitspielen:
<table>
<tr><td>hoch</td><td>:o P P</td><td>o P P</td><td>o o o</td><td>o P P</td><td></td><td></td><td>o o o</td><td>o P P</td><td>8
Takte :</td></tr>
<tr><td>tief</td><td>:</td><td></td><td></td><td></td><td>o P P</td><td>o P P</td><td></td><td></td><td>Pause:</td></tr>
</table></td><td>20</td><td>TB 26
Folie</td></tr>
<tr><td>• S stampfen Metrum, ein S zeigt den Verlauf mit.
• Bedeutung der beiden Zeilen wird geklärt: 2 Instrumente (Pauken bzw. ersatzweise verschieden große Handtrommeln oder Bongos) sind zum Spielen notwendig.
• S spielen die hohen Töne mit der flachen Hand auf dem Tisch, die tiefen patschen sie auf den Schenkel.
• Zwei S spielen die „Pauken“, die übrigen stampfen dazu das Metrum im 3er-Takt.
• Hören des gesamten Menuetts und Bestimmen der Form
II: a – b :II: c – a – b' :II
8 8 8 8 12 Takte
• Es wird zum Original mitgespielt.</td><td></td><td>Pauken,
Bongos,
Handtrommeln</td></tr>
</table>

2. Eine sinfonische Überraschung – *Joseph Haydns „Sinfonie mit dem Paukenschlag"*

Vorbemerkungen:
Joseph Haydns „Sinfonie mit dem Paukenschlag" ist für Grundschüler ein geeigneter Einstieg in die klassische Musik. Die Idee zu dieser Sinfonie beruht auf der Verärgerung Haydns über das unaufmerksame Londoner Publikum. Deshalb baute er am Anfang dieser Sinfonie eine Überraschung ein, welche die Zuhörer mit einem Paukenschlag wecken sollte.
Die Schüler erhalten einen konkreten Hörauftrag, der es ihnen erleichtert, sich mit dieser Art von Musik auseinanderzusetzen.
Schüler mit Vorkenntnissen können den Anfang auf Glockenspielen musizieren. Die Melodiebausteine sind aus Gründen der Spielbarkeit nach F-Dur transponiert.

Joseph Haydn (1732–1809) war ein führender Komponist der Wiener Klassik.
Im Alter von fünf oder sechs Jahren wurde der kleine Joseph zu Verwandten geschickt, um dort als Chorsänger ausgebildet zu werden.
Mit neun Jahren kam er nach Wien, wo er in den Chor der Stephanskirche aufgenommen wurde. In dieser Zeit erhielt Joseph bereits Gesangs-, Klavier- und Violinunterricht. Nach dem Stimmbruch begann er eine Karriere als freier Musiker.
1761 bekam Haydn eine Kapellmeisterstelle bei dem Grafen Esterhazy in Eisenstadt und später auf Schloss Esterhazy, die er fast dreißig Jahre innehatte.
Nach dem Tod des Grafen erhielt Haydn ein lukratives Angebot, nach England zu gehen und dort seine neuen Sinfonien mit einem großen Orchester aufzuführen. Seine Reisen waren sehr erfolgreich. In dieser Zeit komponierte er u. a. die „Sinfonie mit dem Paukenschlag" („The surprise").

Sinfonie (Symphonie): Seit Beginn des 17. Jahrhunderts ist dies eine gebräuchliche Bezeichnung für Instrumentalwerke mit Orchester. Eine Sinfonie besteht in der Regel aus vier Sätzen (= großen Abschnitten).

Eine Geschichte zur Einführung:
Vor über 200 Jahren reiste ein damals und auch noch heute sehr bekannter Komponist, Joseph Haydn, nach London. Er hatte den Auftrag, neue Werke zu komponieren und in Konzertsälen aufzuführen. Das war damals noch recht neu – bisher war es üblich, Musik zu festlichen Anlässen zu hören oder sie während des Essens zu genießen. Hier – in London – komponierte Joseph Haydn nun Musik, die in Konzertsälen aufgeführt werden sollte – genau, wie wir dies heute kennen.
Das Londoner Publikum war aber diese Art des Musikhörens noch nicht gewöhnt. Es unterhielt sich, während die Musiker spielten, und manche Zuhörer schliefen sogar ein.
Das ärgerte Joseph Haydn sehr, denn er gab sich sehr viel Mühe mit seinen Kompositionen.
Daher beschloss er, in seine neueste Sinfonie eine Überraschung einzubauen.
Hört selbst, welche Überraschung Joseph Haydn komponiert hat …

Methodische Tipps	**Zeit**	**Medien**
Hören		
• L erzählt die Geschichte über Joseph Haydn und seine Sinfonie. • L: „Was hat sich Haydn wohl ausgedacht?“	10	Geschichte, S. 86
• S hören die ersten Takte des zweiten Satzes der Sinfonie.	5	TB 27
Sprechen über Musik		
• S berichten, was sie gehört haben und wie Joseph Haydn es geschafft hat, mehr Aufmerksamkeit zu erhalten.	10	
Hören und sich bewegen		
• S erhalten den Auftrag, pantomimisch die Zuhörer zu spielen: zu Beginn verschlafen auf dem Stuhl sitzen oder leise reden, bei Einsatz des Paukenschlages erschrecken, wach werden und aufmerksam zuhören.	10	TB 27
Musizieren		
• S spielen nach Zeichen auf Holzinstrumenten, der L gibt Anweisungen: laut/leise (forte/piano). • S spielen zur Musik im Metrum oder Rhythmus die Takte 1 bis 8 leise, ab Takt 9 sehr leise. Ein S übernimmt den Paukenschlag. • Mehrfache Wiederholung mit Wechseln der Instrumente.	15	Holz-instrumente TB 27
Notieren von Musik		
• L notiert die Melodie in Form von Strichen und Punkten an der Tafel (Melodiebaustein 1 + 2), ggf. Folie verwenden	10	Notation an der Tafel

	Melodiebaustein 1							
f''								
e''								
d''								
c''					○	○		
h'								
a'			○	○			■	■
g'								
f'	○	○						
e'								
d'								
c'								
	Lang-	weil'n	euch	die	Tö-	ne	sehr?	

	Melodiebaustein 2							
f''								
e''								
d''								
c''								
h'	b○	b○						
a'								
g'			○	○				
f'								
e'					○	○		
d'								
c'							■	■
	Wa-	rum	kommt	ihr	dann	bloß	her?	

- S hören zu und zeigen die Tonhöhe mit der Hand an.
- S zeigt die Melodie an der Tafel mit.

Methodische Tipps	Zeit	Medien
• L notiert die Melodiebausteine 3 und 4 an der Tafel. 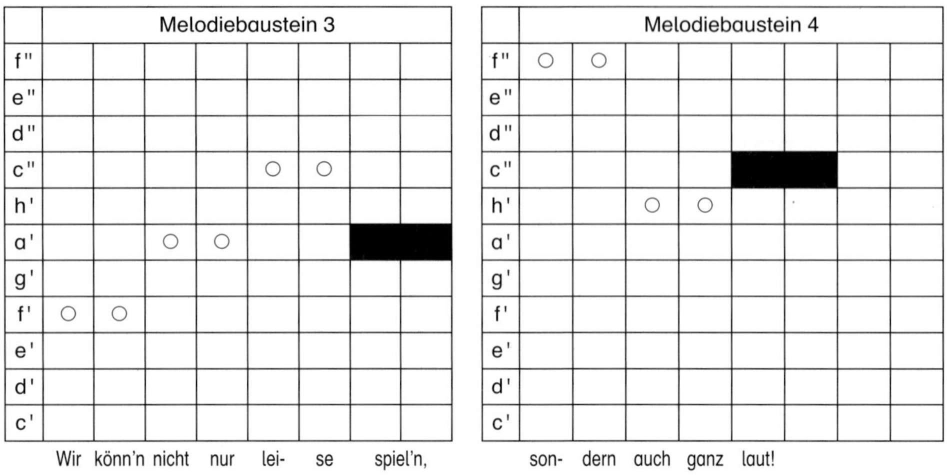 • S hören die weiteren Takte und zeigen die Melodie mit.	10	Notation an der Tafel
Singen		
• L spricht den Text „Langweil'n euch die Töne sehr?“ abschnittsweise vor – S sprechen nach. • L singt abschnittsweise Lied vor – S singen nach.	10	
Musizieren		
• S wählen zwei Melodiebausteine, die an der Tafel hängen, und üben in Partnerarbeit, diese auf dem Glockenspiel zu spielen. • S spielt einen Melodiebaustein vor – die anderen S raten, um welchen Baustein es sich handelt.	10	Glockenspiele
• Es werden vier Gruppen gebildet. • Die Gruppen spielen hintereinander Melodiebausteine 1 bis 4. • S ohne Instrument singen dazu das Lied.	10	Glockenspiele
Text bearbeiten		
• S bearbeiten das Arbeitsblatt „Sinfonie mit dem Paukenschlag“.		AB 26

„Sinfonie mit dem Paukenschlag“ von Joseph Haydn

Vor gut ________ Jahren reiste der Komponist

________________ ________________ nach

England in die Stadt ____________________.

Er hatte den Auftrag, neue Sinfonien aufzuführen.

Doch das Londoner Publikum ärgerte Joseph Haydn.

Manche Zuhörer unterhielten sich während der

Aufführung oder ____________________ sogar ein. Deshalb beschloss

Haydn, in seine nächste Sinfonie eine ________________ einzubauen.

Trage die fehlenden Wörter ein.

schliefen – 200 – Joseph – London – Haydn – Überraschung

Wie hat Joseph Haydn seine Zuhörer überrascht?

____

____

Weißt du, wie die Sinfonie von Joseph Haydn heißt?

____

3. Saitenspiel – Kennenlernen von Zupf- und Streichinstrumenten

Vorbemerkungen:
Die Gitarre kennen die Schüler aus der Popmusik. Weniger bekannt dürfte allerdings sein, wie die Töne bei einer herkömmlichen Gitarre erzeugt und klanglich verstärkt werden.

> Die **Klangerzeugung** entsteht durch die Schwingung der Saiten. Die Tonhöhe hängt ab von der Länge, der Dicke und der Spannung der Saite. Die Lautstärke wird durch die Existenz eines Resonanzkörpers angehoben.
> Bei E-Gitarren werden die Töne durch elektronische Bausteine erzeugt.

Methodische Tipps	**Zeit**	**Medien**
Hören		
• Gemeinsam werden mehrere Hörbeispiele aus den Bereichen von Zupf- und Streichinstrumenten angehört. Reihenfolge der Hörbeispiele: Harfe – Kontrabass – Gitarre – Violine • S erkennen die Gemeinsamkeiten in den Hörbeispielen: Alle Instrumente erzeugen ihre Töne durch schwingende Saiten.	5	TB 28
Experimentieren		
• L bindet ein langes Seil an zwei Enden im Klassenraum so fest, dass es unter Spannung steht. L: „Ich kann mit dem Seil Töne erzeugen. Ihr auch?“ • S dürfen an dem Seil zupfen und hören einen leisen Ton. Ein Ton entsteht durch das schnelle Schwingen einer Saite.	10	Seil
Experimentieren		
• L: „Wie können wir den Ton lauter machen?“ S äußern ihre Vermutungen. • L spannt ein Seil über eine Holzkiste und lässt nochmals daran zupfen. • S hören einen lauteren Ton und begründen dies mit dem Hohlraum der Kiste. Ein Ton wird lauter, wenn die Saite über einen Resonanzkörper gespannt ist. • L zeigt Gitarre und lässt Resonanzkörper „begreifen“.	10	Seil Holzkiste Gitarre

Methodische Tipps	**Zeit**	**Medien**
Experimentieren		
• L legt ein Monochord (= Holzleiste mit zwei parallel gespannten Nylonschnüren verschiedener Dicke) in die Mitte. Es hatte ursprünglich eine Saite. 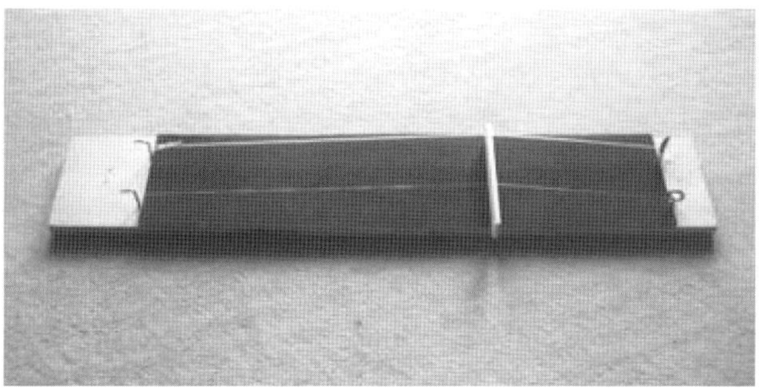 • S zupfen an den zwei Saiten des Monochords und stellen Unterschiede in der Tonhöhe fest. Je dicker eine Saite ist, umso tiefer klingt sie. Je dünner eine Saite ist, umso höher klingt sie.	20	Holzleiste mit zwei Saiten verschiedener Dicke
• L schiebt ein Holzklötzchen unter eine Saite und verkürzt auf diese Weise den schwingenden Teil. • S zupfen erneut an dieser Saite und erkennen, wie die Tonhöhe auch von der Länge der schwingenden Saite abhängt. Auch die Länge einer Saite bestimmt ihre Tonhöhe.		Holzklötzchen
Dokumentation		
• Im Klassenraum werden Poster mit einer akustischen Gitarre, einem E-Bass und einem Violoncello oder einer Violine aufgehängt.		Poster AB 18b

4. Musik hören und malen mit Antonio Vivaldi – *Der „Winter“ aus den „Vier Jahreszeiten”*

Vorbemerkungen:

Die „Vier Jahreszeiten“ sind vermutlich das bekannteste Werk des Komponisten Antonio Vivaldi (1678–1741). Jedes der vier Violinkonzerte stellt eine Jahreszeit dar, in der häufig Naturphänomene wie Wind, heftige Stürme, aber auch Vogelstimmen oder das Schlittschuhlaufen musikalisch abgebildet werden.

Der zweite Teil des Winters symbolisiert zwei Gegensätze: Beim Pizzicato der Violinen soll man sich Regen vorstellen, der an die Fensterscheiben klopft. Das Legato der Solovioline symbolisiert die Behaglichkeit und Wärme am Kamin.

pizzicato (ital. gezwickt) – ist eine Spielweise auf Streichinstrumenten (z.B. Violine, Violoncello), bei der die Saite nicht mit dem Bogen gestrichen, sondern mit den Fingern gezupft wird.
legato (ital. gebunden) – ist eine Spielweise auf Streichinstrumenten, bei der mehrere Töne auf einen Bogenstrich gespielt werden.

Methodische Tipps	Zeit	Medien
Hören und sprechen über Musik		
• L: „Vor langer Zeit hat ein Komponist, Antonio Vivaldi, Musik über die vier Jahreszeiten komponiert.“ • S überlegen gemeinsam, welche vier Jahreszeiten es gibt. • S hören das Stück von der CD und überlegen, um welche Jahreszeit es sich handeln könnte. • S hören CD erneut und dirigieren das Spiel der Solovioline mit den Armen in der Luft oder tippen das Pizzicato. • Das Hörrätsel wird aufgelöst (Winter). • S versuchen zu begründen, welche musikalischen Mittel A. Vivaldi eingesetzt hat, um den Winter darzustellen.	15	TB 29
Sich bewegen		
• Gemeinsam wird im Stuhlkreis überlegt, wie die Menschen vor 250 Jahren gelebt haben (insbesondere, was sie abends gemacht haben). Stichworte werden an der Tafel gesammelt. • L verteilt Tätigkeiten (lesen, Karten spielen, weben, sich unterhalten usw.). • Einige S bilden in der Mitte des Stuhlkreises mit den Tätigkeiten ein Standbild (verharren in einer Position). • Wenn die Musik erklingt, bewegen sich die Bilder (ohne laut zu sprechen) – verstummt die Musik, erstarren alle.	15	evtl. Requisiten

Methodische Tipps	Zeit	Medien
• Um die musikalischen Gegensätze pantomimisch darzustellen, tippen die restlichen S den prasselnden Regen auf ihr Bein oder ahmen das Klopfen des Regens an der Scheibe nach, indem sie auf ihren Stuhl klopfen.		
Malen zu Musik		
• S erhalten große Blätter (Zeichenblock oder buntes Tonpapier) und wählen zwei verschiedenfarbige, dicke Stifte (Wachsmalstifte, Pastellkreiden o. Ä.). • S malen während des ersten Hörens die Melodie der Solovioline, beim zweiten Hören mit einer anderen Farbe das Pizzicato der Violinen. • Die entstandenen Bilder können als Collage aufgehängt werden.	20	große Blätter, Farben
Instrumentenbau		
Um das Pizzicato der Violinen nachvollziehen zu können, ist es möglich, mit einfachen Mitteln eine Gummizither zu bauen: • Einige Gummis unterschiedlicher Länge und Breite werden um ein Gefäß (wie z. B. eine Kiste, eine Blechdose, einen Blumentopf o. Ä.) gespannt. • S zupfen darauf, vergleichen Tonhöhen und Klangqualitäten und können leise „ihre Regentropfen“ zu dem Hörbeispiel mitzupfen.	10	Gefäße untersch. Art Gummis TB 29

5. *„Der Hummelflug“* – eine Szene aus Nikolaj Rimsky-Korsakows Märchenoper

Vorbemerkungen:
Alexander Puschkins „Märchen vom Zaren Saltan“ hat Nikolaj Rimsky-Korsakow im Jahre 1900 in einer Oper vertont. „Der Hummelflug“ beschreibt die aufgewühlte Stimmung des Zarensohns, der in eine Hummel verwandelt und anschließend zusammen mit seiner Mutter vom Hofe verbannt wird. Dieser tötet mit Stichen seine bösen Schwestern. Nach langer Irrfahrt folgt die familiäre Versöhnung.
Die klanglich und rhythmisch sehr ansprechende Musik eignet sich gut für unterschiedliche Zugänge.

Methodische Tipps	**Zeit**	**Medien**
Hören und erstes Einordnen		
• S hören einen Ausschnitt aus dem „Hummelflug“. • Sie sprechen über den Charakter der Musik.	10	TB 30
Sich bewegen		
• S bewegen sich frei im Raum zur Musik.	10	TB 30
Malen		
• S bringen die im Raum vollzogenen Bewegungen mit je einem Stift in linker und rechter Hand auf ein Blatt Papier. (Erläuterung: Das Malen mit zwei Händen verhindert gegenständliches Zeichnen.)	10	TB 30 Stifte Papier
Präsentation und Gespräch		
• S präsentieren ihre Bilder, erläutern sie und stellen Ähnlichkeiten fest (kreisende Linien oder zackige Linien). • S suchen nach einer Überschrift für ihr Bild. L unterstützt sie dabei. • L nennt kurz den Namen des Stückes, erzählt den Inhalt und gibt Informationen über den russischen Komponisten.	15	Bilder

6. Musik machen mit Trinkhalmen – Kennenlernen von Oboe und Fagott

Vorbemerkungen:
Die den Schülern meist unbekannten Instrumente Oboe und Fagott lassen sich ihnen am ehesten näherbringen, wenn sie die Funktionsweise der Tonerzeugung und damit den typischen Klang über das Anfertigen eigener Instrumente erfahren.

Methodische Tipps	Zeit	Medien
Demonstration		
• L zeigt Trinkhalm und fragt S, ob es möglich ist, damit einen Ton zu produzieren. • Einzelne S probieren dies (ohne Erfolg?); evtl. L-Hinweis auf Zuschnitt des Halms. • L bläst einen Ton auf einem entsprechend präparierten Halm. • L zeigt, wie der Halm zugeschnitten wird: Spitze abflachen und auf beiden Seiten schräg anschneiden.	15	Trinkhalm
Experimentieren		
• S erhalten Halme, präparieren sie nach Vorlage und versuchen, einen Ton zu erzeugen. • Einzelne S führen vor, wie sie einen Ton erzeugen: – Halmspitze in den Mund stecken und Lippen zusammenpressen. – Kräftig anblasen, aber so, dass die dreieckige Spitze des Halms frei im Mund schwingen kann. – Tipp: Halm im Mund hin und her bewegen, bis die richtige Stellung erreicht ist. • S probieren es erneut und führen die Ergebnisse vor.	20	AB 27 Halme Scheren
Problemstellung		
• L: „Auf Musikinstrumenten kann man viele Töne spielen. Geht das hier auch?“ • S stellen Vermutungen an: Löcher in den Halm schneiden (Verkürzung des Rohrs = höhere Töne); einen zweiten Halm an den ersten kleben (= Verlängerung des Rohrs = tiefere Töne); Kombination beider Verfahren.	5	
Experimentieren		
• S erproben die Vorschläge und führen ihre Ergebnisse vor.	15	Klebeband
Musizieren		
• Einteilung der Halminstrumente in hohe und tiefe. • Alle spielen nach abwechselnden L- oder S-Handzeichen.	15	

<table>
<tr><th>Methodische Tipps</th><th>Zeit</th><th>Medien</th></tr>
<tr><td>• Es wird nach grafischer Notation gespielt.
<table>
<tr><td>○ ○ ○ ○</td><td></td><td>○ ○</td><td>○ ○</td></tr>
<tr><td></td><td>—— ——</td><td>○ ○</td><td>○ P</td></tr>
</table></td><td></td><td>AB 27</td></tr>
<tr><td>Hören</td><td></td><td></td></tr>
<tr><td>• S hören verschiedene Musikbeispiele und erkennen Oboe und Fagott als die mit ihren Trinkhalminstrumenten verwandten Instrumente. Zu hören sind insgesamt: Fagott, Querflöte, Oboe, Saxofon, Oboe.
• Sie tragen ihre Lösungen in die Tabelle ein.</td><td>15</td><td>TB 31
AB 27</td></tr>
<tr><td>Demonstration</td><td></td><td></td></tr>
<tr><td>• L zeigt Bilder von Oboe und Fagott und erläutert die Funktion des Rohrblatts.
• Erweiterung: L erläutert Funktion des Rohrblatts bei Klarinette und Saxofon.</td><td>10</td><td>Instrumentenfotos</td></tr>
</table>

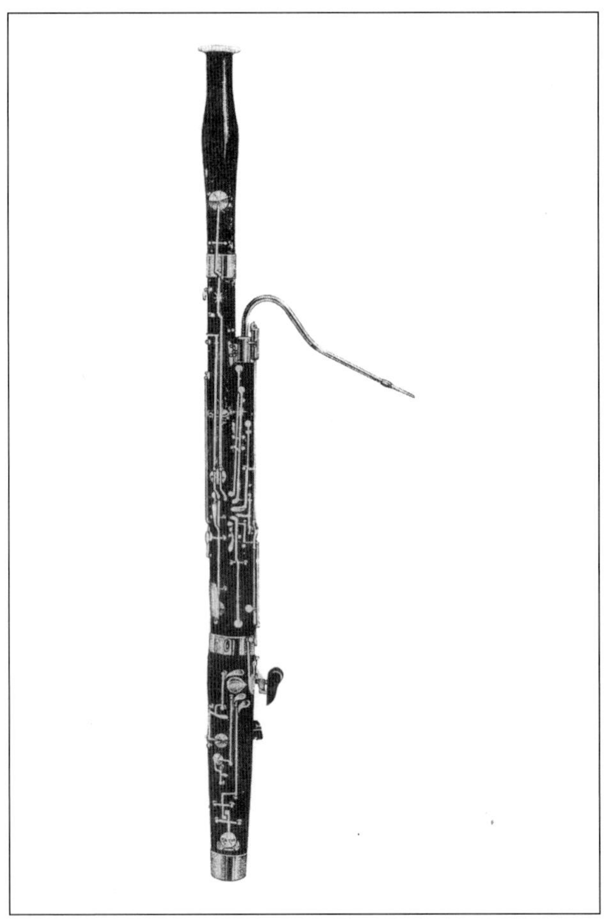

Anleitung zum Anfertigen einer Halmoboe

1. Benutze dein Lineal, um die Spitze (rechts) des Trinkhalms flach zu drücken.

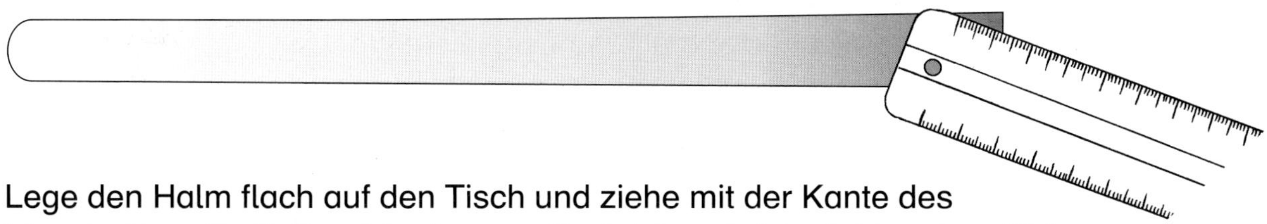

Lege den Halm flach auf den Tisch und ziehe mit der Kante des Lineals über die Spitze, bis sie ganz flach ist und sich nicht mehr wölbt.

2. Nimm eine Schere und schneide die Ecken so ab, dass am Halm ein spitzer Winkel entsteht.

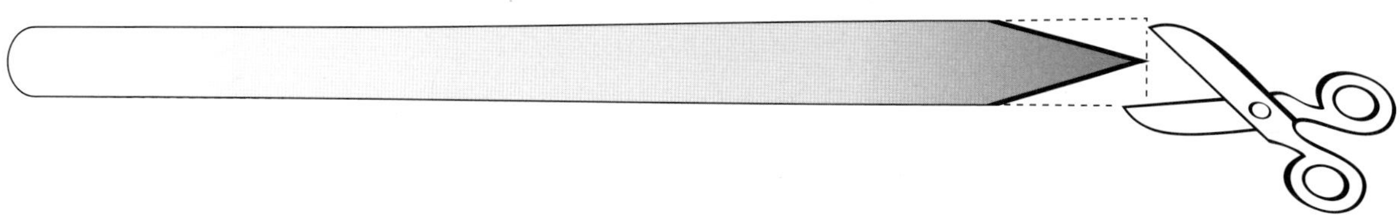

3. Musiziere nach dieser Partitur mit einem Partner und euren Instrumenten.

○ ○ ○ ○		○ ○	○ ○
	—— ——	○ ○	○ P

4. Welche Instrumente kannst du hören? Kreuze die richtigen Felder in der Tabelle an.

	Oboe	Fagott	Querflöte	Saxofon
1				
2				
3				
4				
5				

7. Das Spiel der Wellen – *Camille Saint-Saëns: „Das Aquarium“ aus „Karneval der Tiere“*

Vorbemerkungen:
Camille Saint-Saëns (1835–1921) komponierte den „Karneval der Tiere“ anlässlich eines Konzertes des Cellisten Charles Lebouc am Fastnachtsdienstag. Das Werk wurde 1886 erstmals aufgeführt.
Der „Karneval der Tiere“ gehört zum Genre der Programmmusik und besteht aus vierzehn einzelnen Teilen, die im Unterricht auch unabhängig voneinander behandelt werden können. Das „Aquarium“ stellt ein Stimmungsbild der sich langsam im Wasser bewegenden Fische dar.

Empfehlung zur Instrumentenauswahl: Glockenspiel (glissando – über die Stäbe wischen), Triangel, Schellenstab, Glockenkranz, Schellenkranz

Methodische Tipps	**Zeit**	**Medien**
Hören		
• Stummer Impuls: L hängt vier Bildkarten (Aquarium, Esel, Elefant, Schildkröte) an die Tafel. • S hören nun das Thema „Aquarium“ aus dem „Karneval der Tiere“ und äußern sich danach über das Gehörte. • Hörauftrag zum 2. Hören: „Überlege, welches Tier der Komponist mit seiner Musik gemeint hat?“ • S äußern sich: „Man hört das Wasser, Wellenbewegungen, Luftblasen, Fische usw.“ • Begriffe können an der Tafel festgehalten werden.	15	Bildkarten TB 32
Sich bewegen		
• L: „Wir befinden uns jetzt alle in einem Aquarium – ihr seid jetzt Fische, die sich zur Musik bewegen.“ • S bewegen sich zur Musik frei im Raum und imitieren Fische. • S schwingen die Seidentücher passend zur Musik. • Die aufsteigenden Luftblasen können durch sich bewegende Finger dargestellt werden.	15	TB 32 Seiden- tücher
Musizieren		
S erhalten Rhythmus- und Melodieinstrumente. • L hält einzelne oder mehrere Instrumentenkarten hoch – das jeweilige Instrument wird frei zum Hörbeispiel mitgespielt; das klangliche Ergebnis wird besprochen. • Im nächsten Durchgang werden die Instrumente gewechselt. S übernimmt die Dirigentenfunktion und hält die Instrumentenkarten hoch.	15	TB 32 Instru- menten- karten Rh-Instr. Glocken- spiel

Bildkarten zum Karneval der Tiere

8. Die musikalische Uhr – Gehörbildung mit *Joseph Haydns Sinfonie „Die Uhr“*

Vorbemerkungen:
Joseph Haydn mag den Schülern dem Namen nach nicht bekannt sein, aber seine Musik kennen sie auf jeden Fall, z. B. unsere Nationalhymne. Diese kann im Laufe der Unterrichtsstunde thematisiert werden. Viele seiner Sinfonien haben Namen, die auf inhaltliche Details aufmerksam machen. So auch die Sinfonie Nr. 101 mit dem Namen „Die Uhr“ wegen ihres tickenden Charakters im 2. Satz.
Dieser Musikausschnitt wird hier aufgegriffen, weil an ihm melodische Besonderheiten sehr gut hörend erkannt werden können.

Methodische Tipps	**Zeit**	**Medien**
Hören und Experimentieren		
• S hören den Anfang des 2. Satzes von Haydns Sinfonie. • Sie äußern sich zu Charakter und Inhalt der Musik. • L informiert: „Dies ist eine Sinfonie von Joseph Haydn. Sie heißt ‚Die Uhr‘.“ • L ermuntert S, die Tickgeräusche der Uhr auf der Tischplatte mit einem Bleistift zu imitieren. L: „Hört einmal genau, ob e i n Bleistift genügt.“ • S unterscheiden einen tieferen und einen höheren Ton und imitieren dies.	15	TB 33
Hören und Musizieren		
• L gibt den ersten (tieferen) Ton „h“ auf einem Stabspiel (Xylofon oder Metallofon) vor. • Ein S sucht den höheren Ton „d“ auf dem Instrument und spielt die Tonfolge h – d – h – d usw. • Die übrigen S imitieren und üben dies einzeln.	10	Stabspiele
Lesen der Notation und Musizieren		
• L zeigt den Anfang des Ausschnitts in melodischer Notation. • S nennen die Notennamen und beschriften die Noten auf dem AB. • Sie üben die erste Zeile auf einem Stabspiel (einzeln, zu zweit oder zu dritt). • Die erste Zeile wird gemeinsam gespielt. • Nun wird die zweite Zeile gemeinsam betrachtet und wie oben vorgegangen. • Beide Zeilen werden mit allen Schülern zusammengespielt.	20	AB, S. 101 Stabspiele

Methodische Tipps	**Zeit**	**Medien**
Mitspielen zur Sinfonie		
• S hören nochmals den Musikausschnitt und lesen/zeigen auf dem AB mit. • Ein S spielt zuerst ohne, dann mit der Musik zusammen vor. • Alle S probieren das Mitspielen zum Original.	15	TB 33 Stab- spiele
Hören		
• S hören den gesamten Sinfoniesatz und zeigen immer dann auf, wenn die Uhr tickt.	10	TB 33
Fächerübergreifender Aspekt		
• Sachunterricht/Mathematik: Die S bringen verschiedene Uhren und Wecker mit in den Unterricht und sollen herausfinden, bei welchen Uhren das Ticken zu hören ist und warum. • Die Schüler lernen das Ablesen der Uhrzeit. • Sie sollen die Anzahl der Ticks pro Minute feststellen.		

„Die Uhr"

Sinfonie von Joeph Haydn

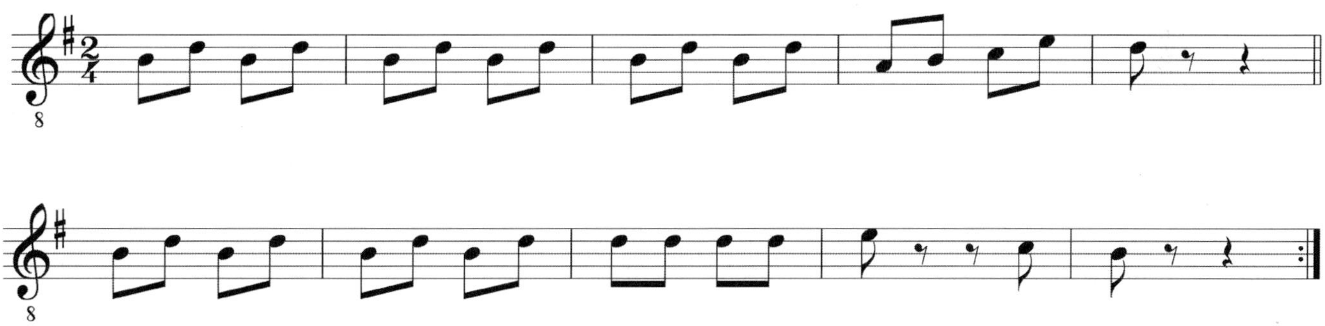

Diese Noten kommen in dem Musikstück vor

Aufgabe:

Schreibe unter die Noten die richtigen Buchstaben!

1. Vom Klang zum Schriftbild

Vorbemerkungen:
Der Umgang mit Noten setzt intensives Musizieren voraus – nicht umgekehrt. Die einfachsten Formen von schriftlicher Fixierung für sehr junge Schüler sind Punkt und Strich für kurze und lange Noten.

Zeichen:	○○	Daraus wird später die Viertelnote.
	——	Daraus wird später die Halbenote.
	/ /	Daraus werden später die Achtel (als Zwillinge).
	P	Daraus wird später die Viertelpause.

Methodische Tipps	**Zeit**	**Medien**
Musizieren		
• L verteilt Rhythmusinstrumente an die im Stuhlkreis sitzenden S; gespielt wird ein Metrum in mittlerem Tempo. • Auf ein Zeichen des L spielen abwechselnd die Holz-, Fell- oder Metallinstrumente, evtl. nach gezeigten Karten. • Es spielen nur die Mädchen/Jungen. • Die S spielen der Reihe nach vier Schläge im Metrum.	15	Rh.-Instr.
• L spricht z. B. den Name „Flo – ri – an“ in Silbentrennung im Rahmen des Metrums. S vollziehen dies nach. Metrum ○ ○ ○ ○ Rhythmus ○ ○ ○ P Flo – ri – an • Ein S spricht auf der Basis des Gruppenmetrums seinen Namen und spielt dazu auf seinem Instrument. Die anderen S folgen diesem Beispiel.	15	Rh.-Instr.
Notieren, Entziffern und Musizieren		
• L schreibt z. B. „○ ○“ an die Tafel und behauptet, dies sei die Geheimschrift für einen Schülernamen. • S finden verschiedene Lösungen: „Car – men/Fe – lix“. • S patschen ein Metrum, [Felix] spricht seinen Namen und spielt dazu sein Instrument. • L schreibt „○ ○ ○“ und „○ ○ ○ ○“ an die Tafel. S musizieren diese Rhythmen und finden die zugehörigen Namen, z. B. „Jo – na – than“ und „Ka – tha – ri – na“.	15	Rh.-Instr.

Methodische Tipps	Zeit	Medien
• S patschen Metrum und L spricht den Namen „I – na“ mit einem langen „I“. • L gibt zwei neue Zeichen für mögliche Lösungen vor: ___ und //. • S versuchen, eine Lösung zu finden: —— ○. • L spricht den Namen „Me – la – nie“. • S finden evtl. zwei – gleichwertige – Lösungen: ○ ○ —— oder // ○. Metrum ○ ○ ○ ○ Rhythmus 1 ○ ○ —— Me – la – nie Rhythmus 2 / / ○ Me–la–nie	15	Rh.-Instr.
Musizieren und Notieren		
• S spielen die Rhythmen des Rätsels und versuchen, in Partnerarbeit Lösungen zu finden und zu fixieren.	20	Rh.-Instr., S. 103

Wer kann diese Geheimschrift knacken?

1	2	3	4
○	P	P	P
○	○	P	P
○	○	○	P
○	○	○	○
○	○	——————	
/ /	○	P	P

2. Taktarten in die Füße nehmen

Vorbemerkungen:
Takt hat immer mit Betonung zu tun und lässt sich deshalb am ehesten über Sprache oder Bewegung erfahren. Die schriftliche Fixierung im Notenbild stellt in der Regel die letzte Stufe der Erarbeitung dar.

Methodische Tipps	**Zeit**	**Medien**
Sich bewegen		
• S stehen im Raum verteilt. • L spielt mit der Handtrommel ein Metrum. S gehen dazu einzeln im Raum. • L betont jeden ersten von zwei Metrumschlägen und lässt S nach Möglichkeiten suchen, wie die Betonung dargestellt werden kann. Lösungen sind: klatschen, aufstampfen, springen, Arm in die Luft werfen usw. • S zählen die Metrumschläge mit und betonen auf der 1 (**1** – 2 – **1** – 2) und finden so den 2er-Takt. • L verfährt analog mit dem 3er-Takt (**1** – 2 – 3 – **1** – 2 – 3).	15	Hand- trommel
Notieren		
• L zeigt Folie mit Fußabdrücken. Der jeweils betonte Abdruck ist geschwärzt. • S ergänzen die Betonungen durch Schwärzung der Fußabdrücke beim 2er- und 3er-Takt. • Sie äußern Vermutungen, wie die Betonungen beim 4er-Takt sein könnten und ergänzen. • L schreibt an die Tafel: Metrum ○ ○ ○ ○ ○ ○ ○ ○ Takt |○ ○ ○ ○ |○ ○ ○ ○ und setzt vor jeden betonten Metrumschlag einen senkrechten Strich. Unmittelbar vor die betonte Note wird ein **Taktstrich** gesetzt. Die Taktarten (2er, 3er, 4er) werden durch eine Zahl zu Beginn eines Rhythmus oder einer Melodie bezeichnet. 2er: | ○ ○| ○ ○| … 3er: | ○ ○ ○| ○ ○ ○| … 4er: | ○ ○ ○ ○| ○ ○ ○ ○|	15	AB 29

Die Betonungen in verschiedenen Taktarten

Zweier-Takt **Dreier-Takt** **Vierer-Takt**

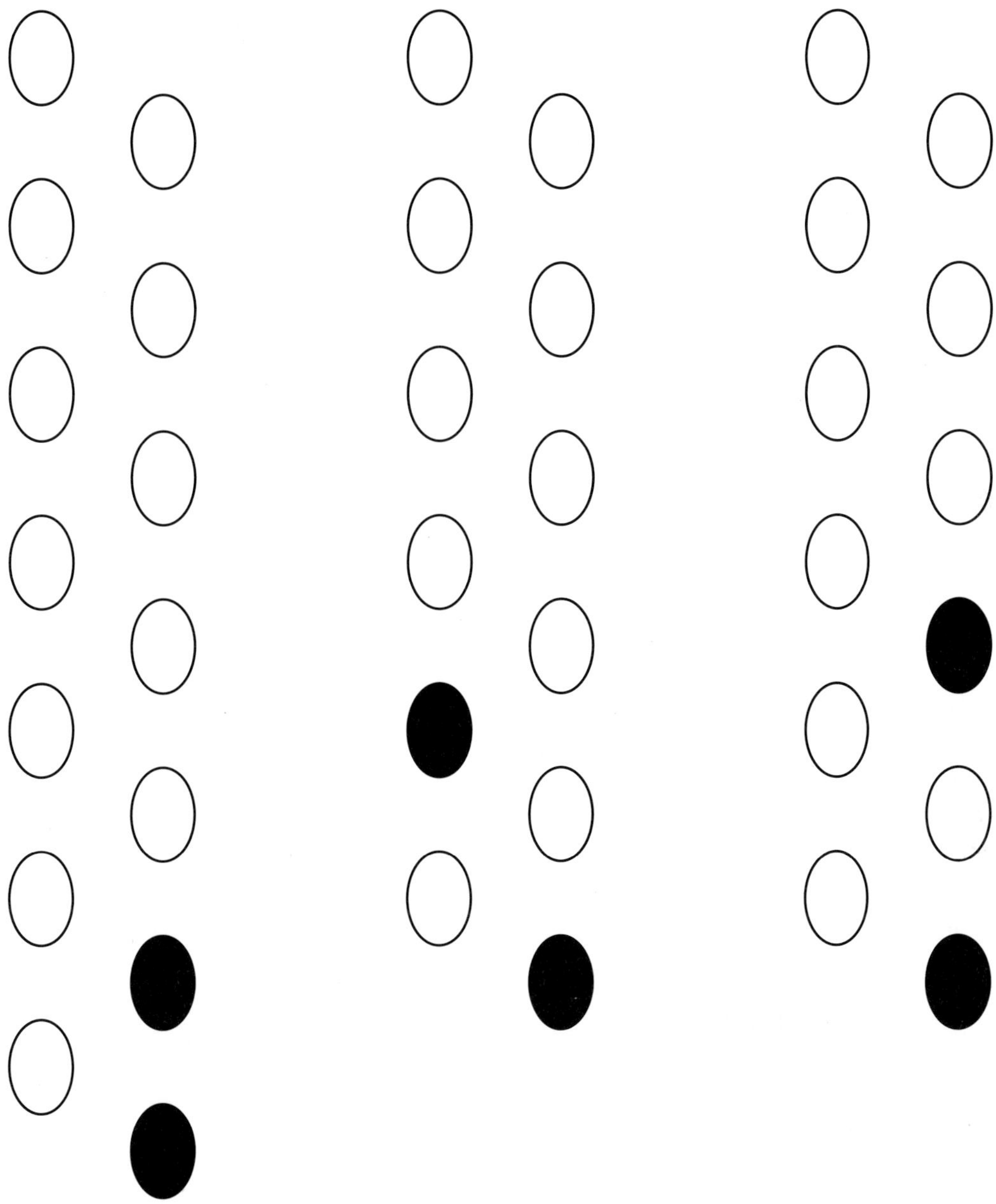

Aufgaben:

1. Gehe im 2er-Takt und betone immer den ersten von zwei Schritten. Schau dir die Zeichung an und schwärze die betonten Fußabdrücke.
2. Gehe nun im 3er-Takt und betone immer den ersten von drei Schritten. Schwärze die betonten Fußabdrücke.
3. Gehe jetzt im 4er-Takt und betone immer den ersten von vier Schritten. Schwärze die betonten Fußabdrücke

3. Wörter betonen und Taktarten finden

Vorbemerkungen:

Betonungen sind in jeder Sprache selbstverständlich und machen sie lebendig. Betonungen können auf der ersten oder letzten, aber auch auf einer mittleren Silbe liegen.

Hier werden Betonungen auf der ersten Silbe näher betrachtet und an Wörtern mit zwei oder drei Silben beobachtet. So entsteht der 2er- bzw. 3er-Takt.

Methodische Tipps	Zeit	Medien
Rhythmisch sprechen		
• L spricht die Wörter: Hand-spiel, Ec-ke, Tor-wart, Straf-stoß und Ein-wurf mit entsprechender Betonung. • S finden Gemeinsamkeiten heraus: Fußballwörter, zweisilbige Wörter, Betonung auf der ersten Silbe. • Sie sprechen die Wörter mit entsprechender Betonung nach. • Es werden weitere zweisilbige Wörter mit Betonung auf der ersten Silbe gesucht und in Silbentrennung an die Tafel geschrieben.	20	
Notieren		
• S notieren die zugehörigen Rhythmen, z. B. ○ ○ ○ ○ ○ ○ Schu- le Han- dy Piz- za L-Info: Betonungen werden durch senkrechte Striche (= Taktstriche) vor der betonten Silbe/Note gekennzeichnet. • S ergänzen die Betonungen: | ○ ○ | ○ ○ | ○ ○ | Schu- le Han- dy Piz- za Ist jeder erste von <u>zwei</u> Metrumschlägen betont, so nennt man dies 2er-Takt.	15	
Musizieren		
• S spielen die gesammelten Wörter mit Rhythmusinstrumenten im Rahmen eines Metrums, aber mit starker Betonung. • Sie zählen dazu **1** – 2 – **1** – 2 – **1** – 2 – **1** – 2 usw. • Die Wörter werden auf verschiedene Spieler und verschiedene Instrumente verteilt. So wird das Ergebnis noch lebendiger.	10	Rh.-Instr.

Methodische Tipps	**Zeit**	**Medien**
Hören		
• S hören L. v. Beethovens „Mödlinger Tanz“ und versuchen, das Metrum zu patschen. • Sie akzentuieren die Betonungen durch Klatschen, also klatsch – patsch – patsch – klatsch – patsch – patsch usw. • Sie zählen von einer Betonung zur nächsten und ermitteln den 3er-Takt: **1** – 2 – 3 – **1** – 2 – 3 usw.	15	TB 4
Notieren		
• L schreibt das Metrum an die Tafel: ○ ○ ○ ○ ○ ○ ○ • S ergänzen die Taktstriche und erhalten so den 3er-Takt. Ist jeder erste von drei Metrumschlägen betont, so nennt man dies 3er-Takt. • Analog: Einführung des 4er-Taktes Ist jeder erste von vier Metrumschlägen betont, so nennt man dies 4er-Takt.	5	
Vergleichendes Hören		
• S hören die Polka aus B. Smetanas „Moldau“ (im 2er-Takt), ferner den Mödlinger Tanz von L. v. Beethoven (im 3er-Takt) sowie den Radetzky-Marsch von J. Strauss (im 4er-Takt). • Sie identifizieren die Taktarten durch Setzen der Taktstriche: Polka ○ ○ ○ ○ ○ ○ ○ ○ ○ ○ Ländler ○ ○ ○ ○ ○ ○ ○ ○ ○ ○ Marsch ○ ○ ○ ○ ○ ○ ○ ○ ○ ○	10	TB 34 + 35 + 4 Tafel

4. Tiernamen – grafisch notiert

Vorbemerkungen:
Tiere haben auf Kinder immer eine besondere Anziehungskraft. Sie bieten Gesprächsanlässe und die Namen können rhythmisiert gesprochen werden.
Auf dieser Basis lassen sich die Tiernamen in der Geheimschrift mit Punkten und Strichen notieren.

Methodische Tipps	Zeit	Medien
Rhythmisches Sprechen		
• L zeigt Folie mit Tierbildern. • S identifizieren die Tiere und rhythmisieren die Namen im Rahmen eines Metrums.	10	AB 30
Notieren		
• L schreibt einen Tiernamen in Silbentrennung unter ein Bild, z. B.  Schmet – ter – ling • S notieren den zugehörigen Rhythmus als ○ ○ ○. • Die restlichen Aufgaben werden in Einzel- oder Partnerarbeit erledigt.	20	AB 30
Musizieren		
• Die Rhythmen werden mit Instrumenten musiziert. • Das Musizieren erfolgt nach Ansage: „Spielt: Kro – ko – dil.“ • L oder S spielt einen Rhythmus vor, die anderen sollen das zugehörige Tier benennen.	15	AB 30 Rh.-Instr.

Zuordnung von grafischer Notation zu Bildern

1. Sprecht die Tiernamen rhythmisch in Silbentrennung, z. B. „See – stern“.

2. Schreibt die Rhythmen mit Punkt und Strich in die freien Felder.

5. Mitspielstücke in grafischer Notation

Vorbemerkungen:
Die Mitspielstücke im 3er- und 4er-Takt benutzen die Punkte/Kreise sowie das P (für Pause) der grafischen Notation. Sie können separat oder mit Playback musiziert werden.

Methodische Tipps	**Zeit**	**Medien**
Erkunden von Noten und Rhythmisieren		
• L zeigt die erste Zeile des Mitspielstücks im 4er-Takt. • S lesen den Aufgabentext und ordnen den Takten Tiernamen zu. • Sie sprechen die gesamte Zeile mit Betonung und im Rahmen des Metrums. Es folgt die entsprechende Erarbeitung der anderen Zeilen.	15	AB 31
Musizieren		
• S musizieren das gesamte Mitspielstück mit Rhythmusinstrumenten. • Variation: – Jede Zeile im Solo-Tutti-Spiel musizieren. – Jede Zeile mit anderer Instrumentengruppe musizieren.	10	Rh.-Instr. AB 31
Hören		
• S hören den Mitspielsatz genau an. • L weist auf den zweitaktigen Vorlauf mit 8 Klicks hin und lässt dann einen S den Verlauf zur CD mitzeigen.	10	TB 36 Folie
Musizieren		
• Gemeinsam wird zur CD mitgespielt. • Variation: Wechsel zwischen Solo- und Tuttispiel	10	AB 31 TB 36 Rh.-Instr.
• Der Mitspielsatz im 3er-Takt kann in ähnlicher Weise erarbeitet und gespielt werden.		AB 31 TB 37 Rh.-Instr.

TB 36

Musizierstück im 4er-Takt

Vorlauf

4 ○ ○ ○ ○	○ ○ ○ ○

II : ○ ○ ○ ○	○ P P P	○ ○ P ○	○ P P P
○ P ○ P	○ ○ ○ P	○ ○ ○ ○	○ P P P
P ○ ○ P	P ○ ○ P	P ○ ○ ○	○ P P P
○ ○ P P	○ ○ ○ P	○ ○ ○ ○	○ P P P : II

Diese Tiernamen kannst du unter die Noten setzen:
Rin-gel-nat-ter, Floh, Hams-ter, Ka-mel, Kro-ko-dil, Schmet-ter-ling.

Du kannst die Tiernamen mehrmals verwenden.
Übe das Musizierstück, bis du es gemeinsam zur CD spielen kannst.

Musizierstück im 3er-Takt

TB 37

Vorlauf

3 ○ ○ ○	○ ○ ○

II : ○ ○ P	○ ○ ○	○ P P	○ ○ P
○ ○ P	○ ○ P	○ P ○	○ P P
P ○ ○	○ P P	P ○ ○	○ P ○
○ ○ P	○ ○ P	P ○ ○	○ P P : II

Diese Tiernamen kannst unter die Noten setzen: Hams-ter, Kro-ko-dil, Floh.
Übe auch dieses Musizierstück.

6. Einführung in den Umgang mit Lautstärken

Vorbemerkungen:
Lautstärken jeder Art und Qualität umgeben uns täglich. Sie beruhigen, sind uns lästig, wirken bedrohlich oder halten uns in Spannung.
Auch Musik lebt von verschiedenen Lautstärken. Dies soll hier durch Hören und Beschreiben sowie durch eigenes Tun und Notieren bewusst gemacht werden.

Methodische Tipps	Zeit	Medien
Hören und Beschreiben		
• L regt ein Gespräch über Regenwetter an. • S hören zwei Regengeräusche: leise Regentropfen und lautes Regenplatschen. Sie beschreiben das Gehörte inhaltlich und eventuell in Bezug auf die Lautstärken.	10	TB 38
Musizieren		
• S produzieren mit Rhythmusinstrumenten laute und leise Klänge. • L zeigt die Lautstärkekärtchen „laut“ und „leise“. • S ordnen diese den zuvor gespielten Klängen zu. • S musizieren laute und leise Klänge mit Körper- oder Rhythmusinstrumenten nach Lautstärkekärtchen.	10	Rh.-Instr. AB 32
Singen		
• S singen das Lied „Herr Laut ging mal spazieren“. • Sie ordnen die Lautstärkekärtchen der Melodie zu.	5	AB 9 AB 32
Musizieren		
• Zwei Gruppen begleiten das Lied mit Rhythmusinstrumenten gemäß den ausgelegten Kärtchen.	10	AB 32
Hören		
Hörbeispiel: J. Haydn: „Sinfonie mit dem Paukenschlag“, langsamer Satz • L kündigt Überraschung an und lässt Anfang (ohne den Paukenschlag) von CD hören. L lässt Vermutungen über weiteren Verlauf anstellen. • S hören den gesamten Ausschnitt und beschreiben das Gehörte. • L legt Lautstärkekärtchen aus. S ordnen diese der Musik zu.	10	TB 27 AB 32

Methodische Tipps	Zeit	Medien
Erweiterung:		
Hören und Beschreiben		
• L lässt das Beispiel einer vorbeifahrenden Eisenbahn von CD hören. • S beschreiben den Verlauf. • L legt verschiedene Lautstärkekärtchen aus: „leise“, „laut“, „leiser werden“ und „lauter werden“. • S ordnen die richtigen Kärtchen dem Hörbeispiel zu.	10	TB 39 AB 32
Musizieren		
• S produzieren in Gruppen eine Musik nach dem Eisenbahnbeispiel.	15	Rh.-Instr.
Hören		
• S hören einen Ausschnitt aus „Peter und der Wolf“ von S. Prokofieff: Der Wolf kommt aus dem Wald. • Sie beschreiben den Ausschnitt und legen die Kärtchen entsprechend dem Verlauf der Musik.	10	TB 40 AB 32
Information		
• L ergänzt die noch fehlenden Lautstärke-Kärtchen. • S betrachten die Kärtchen und erfahren die Abkürzungen für die entsprechenden Lautstärken: pp, p, mf, f, ff, < , >.	5	AB 32
Zuordnen		
• S verteilt die Lautstärkekärtchen an die Klasse. • S suchen die Partner: Name und Abkürzung werden jeweils zugeordnet, also z. B.: leise – p – piano.	5	AB 32

AB 32

Ausdrücke für verschiedene Lautstärken

pp	p	mf
f	f f	<
>	pianissimo	piano
mezzoforte	forte	fortissimo
crescendo	decrescendo	sehr leise
leise	halblaut	laut
sehr laut	lauter werden	leiser werden

7. Kennenlernen der rhythmischen Notation

Vorbemerkungen:
Notation hat dienende Funktion, wird also im Zusammenhang mit ihrer Verwendung erlernt. Die grafische Notation mit Punkt/Kreis und Strich ist für jüngere Kinder am einfachsten begreifbar, weil sie die Tondauern unmittelbar abbildet.
Nach intensiver Anwendung dieser Notationsart wird dann aufbauend die rhythmische Notation eingeführt.

Methodische Tipps	Zeit	Medien
Musizieren		
L gibt obere Hälfte des Arbeitsblattes frei. • S musizieren die Rhythmusfolge mit Körper- oder Rhythmusinstrumenten. Hinweis: Metrum vorgeben – einzählen – Einsatz geben 1: ○○○○ 2: //// — 3: ○○//○ 4: — — • Die Reihenfolge wird geändert und erneut musiziert. • Ratespiel: „Welcher Rhythmus wird gespielt?“	15	AB 33
Zuordnen von Rhythmen		
L gibt untere Hälfte des Arbeitsblattes frei. 5 6 7 8  • S vermuten, welche Zeichen der oberen Hälfte mit denen der unteren Hälfte korrespondieren. (Lösung: 1 gehört zu 7, 2 zu 8, 3 zu 5 und 4 zu 6.)	10	AB 33
Musizieren		
• S spielen die Rhythmen nach der rhythmischen Notation. • Wiederholung des Ratespiels **Namen der Noten und zugehörigen Pausen:** 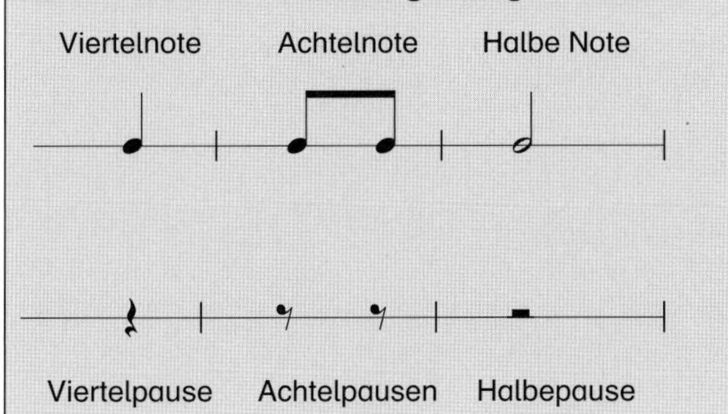 	15	AB 33 Rh.-Instr.

AB 33

Kennenlernen der rhythmischen Notation

1

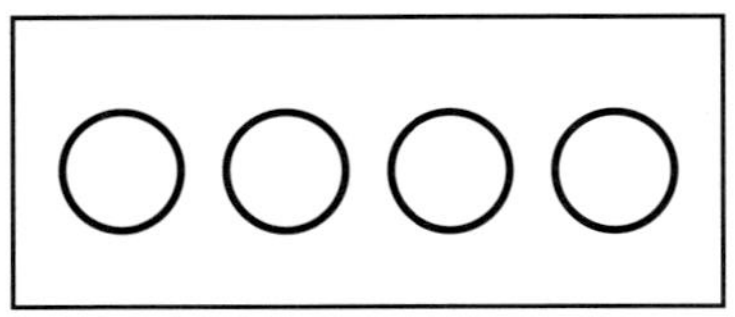

2

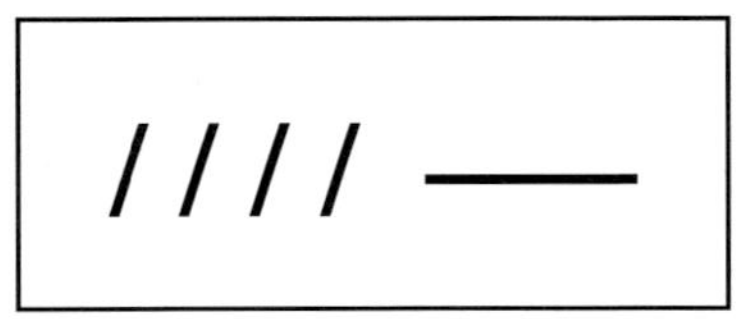

3

4

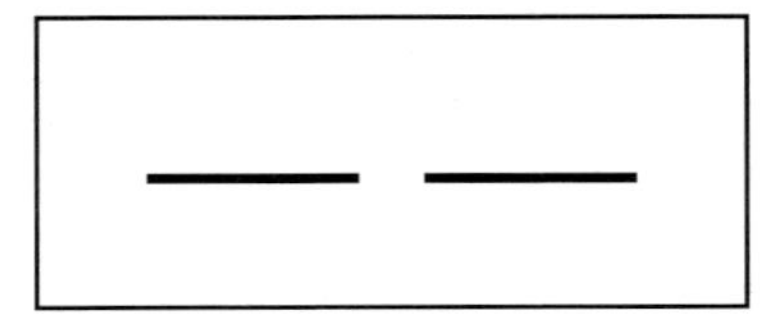

5

6

7

8

8. Tiernamen – rhythmisch notiert

Vorbemerkungen:
Die Tiere und deren Namen sind den Schülern bereits aus „Tiernamen – grafisch notiert“ bekannt. Hier geht es nun um die Zuordnung von Tonfolgen in rhythmischer Notation zu diesen Tiernamen. Bei einigen Aufgaben gibt es mehrere Lösungen.

Methodische Tipps	**Zeit**	**Medien**
Musizieren		
• Die Tonfolgen (= rhythmische Bausteine) werden nacheinander auf Körper- oder Rhythmusinstrumenten gespielt. • Die Tiernamen werden rhythmisch gesprochen.	5	Folie Rh.-Instr.
Zuordnen		
• S ordnen die rhythmischen Bausteine in Partner- oder Einzelarbeit den Tiernamen zu. • Die Lösungen werden verglichen.	10	AB 34
Komponieren		
Die Rhythmen werden als Bausteine für kleine Rhythmuskompositionen benutzt. S arbeiten in Gruppen zusammen. • S schreiben auf, welche Rhythmusbausteine sie in welcher Reihenfolge benutzen wollen. • Sie überlegen sich, welche Instrumente sie zum Musizieren einsetzen wollen.	15	AB 34 Rh.-Instr.
Musizieren		
• Die einzelnen Gruppen üben ihre „Komposition“ und stellen schließlich ihre Ergebnisse vor.	15	AB 34 Rh.-Instr.

Zuordnung von rhythmischer Notation zu Bildern

A

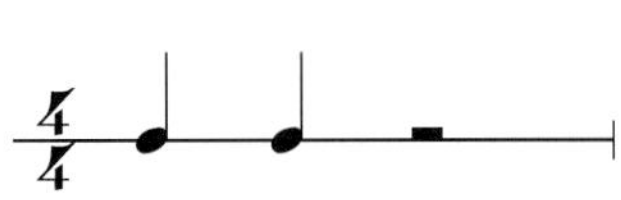

B

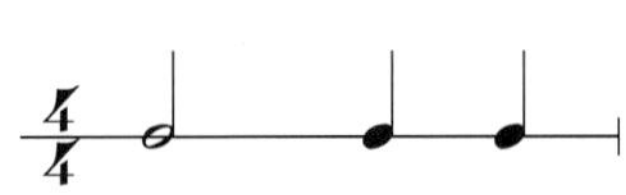

C

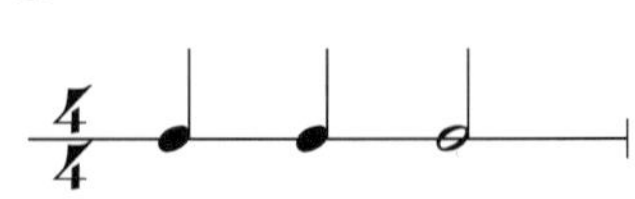

D

E

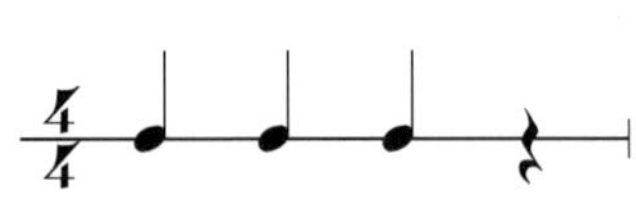

F

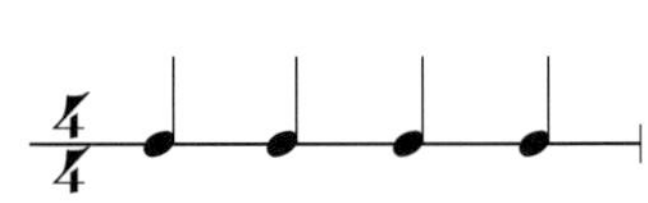

9. Ein Rhythmus-Domino

Vorbemerkungen:
Das Domino-Spiel ist bei Kindern sehr beliebt. Hier wird es nun benutzt, um den Übergang von der grafischen zur rhythmischen Notation zu erleichtern. Jedes Kärtchen erhält also einen Notenwert in grafischer und rhythmischer Notation. Die Aufgabe besteht im Zuordnen der Zeichen mit gleicher Bedeutung. Bei richtiger Lösung bilden die Kärtchen eine geschlossene Kette.

Methodische Tipps	Zeit	Medien
Hinführung		
• L zeigt S drei Dominosteine und lässt sie einander zuordnen. S erläutern die Art der Zuordnung. • L legt laminierte und zu Kärtchen zerschnittene „musikalische“ Dominosteine aus und lässt S die Aufgabe formulieren.	5	Domino steine AB 35
Untersuchen und Experimentieren		
• S arbeiten in Gruppen zusammen und legen die Kärtchen in der richtigen Reihenfolge. (Lösung: 1 – 9 – 6 – 7 – 4 – 2 – 3 – 5 – 8)	15	AB 35
Notieren		
• L notiert eine Metrumleiste und den Anfang des Rhythmus. • S ordnen die Notenwerte dem Metrum zu. 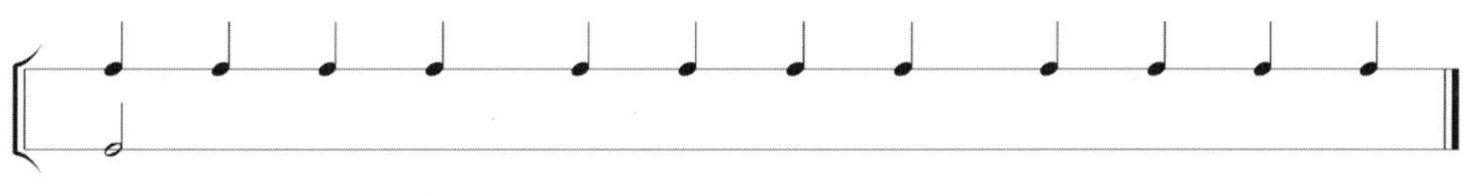	10	
Musizieren		
• S spielen den entstandenen Rhythmus auf Körper- oder Rhythmusinstrumenten.	10	Rh.-Instr.

Rhythmus-Domino

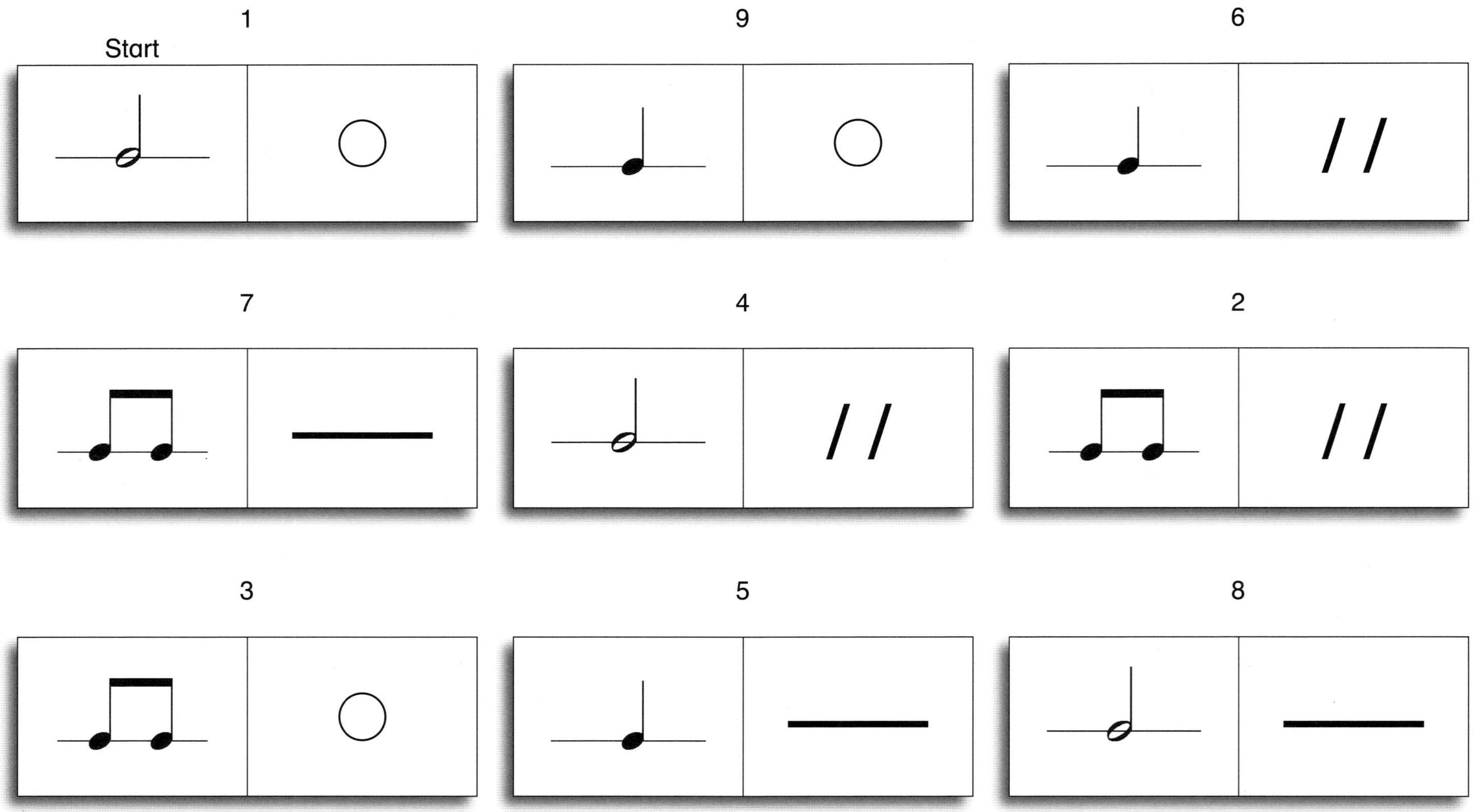

Werner Freitag / Caroline Dittmar: Musik fachfremd unterrichten. Die Praxis 1/2

10. Rhythmen für verschiedene Anlässe

Vorbemerkungen:
Es gibt verschiedene Anlässe, bei denen man gerne auf bereits erarbeitete Standardrhythmen zurückgreifen möchte. Sie sollten im Klassenzimmer, in entsprechender Größe auf Karton aufgezogen, deutlich sichtbar aufgehängt sein. So kann man sie auch einmal zwischendurch wiederholen.
Diese Rhythmen können beispielsweise Verwendung finden zur Liedbegleitung, als rhythmisches Motiv in einer Klanggeschichte oder als Bausteine für ein rhythmisches Rondo.

Methodische Tipps	Zeit	Medien
Musizieren		
• L lässt die Standardrhythmen nacheinander spielen. • S spielt einen beliebigen Rhythmus vor, die Klasse identifiziert ihn.	10	AB 36 Rh.-Instr.
• Ein Rhythmus wird als „verboten“ erklärt. Er darf von den S nicht wiederholt werden, wenn ihn der L vorspielt. Alle anderen werden jeweils wiederholt.	10	AB 36
• Mehrere Rhythmen lassen sich zu einer kleinen Komposition miteinander verbinden.	10	AB 36
• Die Rhythmen werden mit Texten versehen. Beispiele: Zu 1: „Ich bin heu – te fit.“ Zu 2: „Ich mag nicht nach – sit – zen.“ Zu 3: „Schul – pau – se!“ Zu 4: „Komm doch, komm doch!“ Zu 5: „Vor – sich – tig!“ Zu 6: „Lass mich in Ruh’!“ Zu 7: „Ist das heut’ heiß/kalt!“ • Ein bestimmter Rhythmus wird für die Begleitung eines Liedes ausgewählt. • In einer Klanggeschichte wird ein Rhythmus benötigt, der an verschiedenen Stellen gespielt werden soll, um eine Person oder eine Situation zu kennzeichnen.	10	AB 36
• Ein Rondo mit der Form A – B – A – C – A soll musiziert werden. S stellen Rhythmen zusammen und spielen ein rhythmisches Rondo.	15	AB 36

AB 36

Rhythmusbausteine

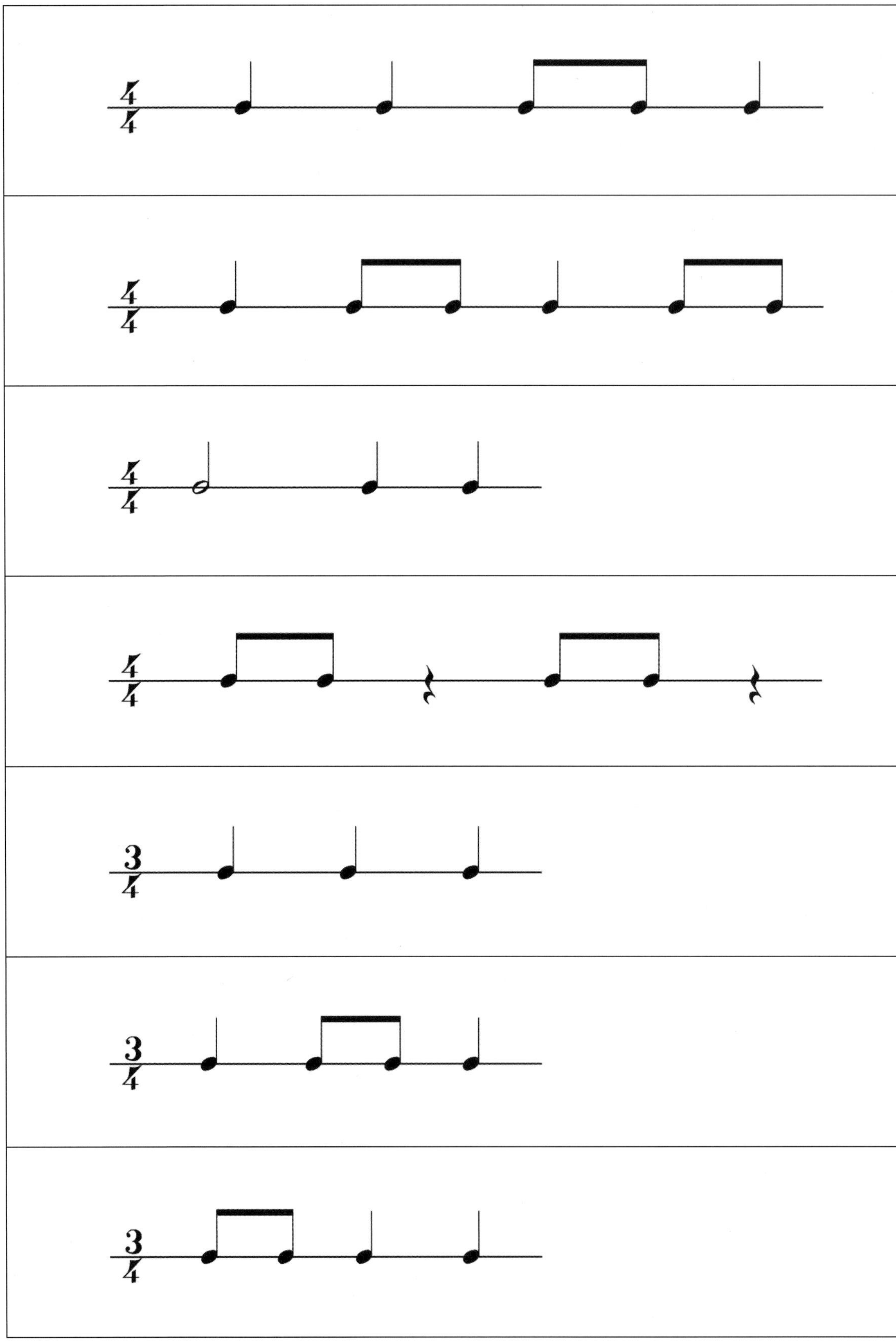

11. Spiele mit Taktarten

Vorbemerkungen:
„Takt“ hebt sich von „Metrum“ dadurch ab, dass er Betonungen hat und diese sich regelmäßig wiederholen.
Takt lässt sich am ehesten erleben, wenn er über die Bewegung erfahren wird. Das Auszählen und Benennen sollte erst danach erfolgen.

Methodische Tipps	Zeit	Medien
Sich bewegen		
• S bewegen sich zur Handtrommel, die auf den Rahmen geschlagen wird, im Metrum durch den Raum. • L markiert regelmäßige Betonungen durch Schläge auf das Fell der Trommel, also z. B. Fell – Rahmen – Rahmen – Rahmen für den 4er-Takt und Fell – Rahmen – Rahmen für den 3er-Takt. S gehen im Metrum und klatschen die Betonungen. • S übernimmt die Handtrommel, die Klasse geht dazu und zählt die Anzahl der Schritte von einem Klatsch zum nächsten (Lösung: 4 bzw. 3 bzw. 2 Schritte). • L benennt die Taktarten als 2er-, 3er- oder 4er-Takt. • S hören den „Radetzky-Marsch“ von J. Strauss und gehen und klatschen dazu entsprechend. Sie bestimmen die Taktart als 4er-Takt.	20	Handtrommel TB 35
Hören		
• S hören die „Bauernhochzeit“ aus der Moldau von B. Smetana und bestimmen die Taktart, indem sie das Metrum stampfen und die Betonungen klatschen. Sie erkennen den 2er-Takt.	5	TB 34
Notieren		
• L schreibt die Metrumzeile sowie den Anfang der Taktzeile an die Tafel. Information: Vor jede Betonung wird ein Taktstrich gesetzt, am Anfang der Notenzeile steht eine Zahl, welche die Taktart angibt. 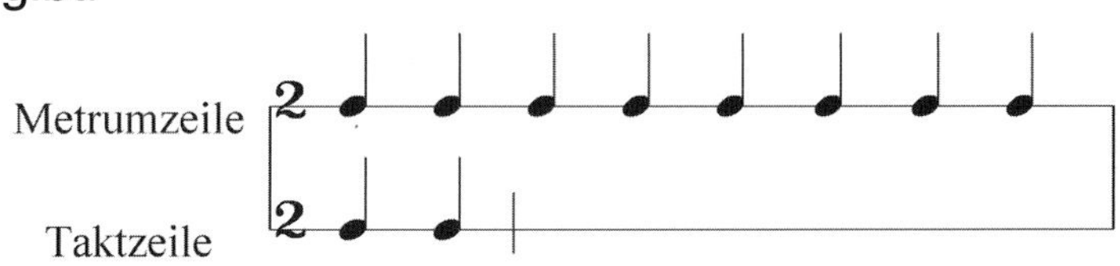 • S ergänzen Noten und Taktstriche.	5	
Finden von Taktwörtern		
• L patscht und klatscht einen Takt und spricht dazu ein Taktwort, z. B. „Fuß – ball“ (2er-Takt); „Ei – sen – bahn“ (3er-Takt). • S finden in Einzel- oder Partnerarbeit Taktwörter und notieren sie auf das Arbeitsblatt.	15	AB 37

AB 37

Spiele mit Taktarten

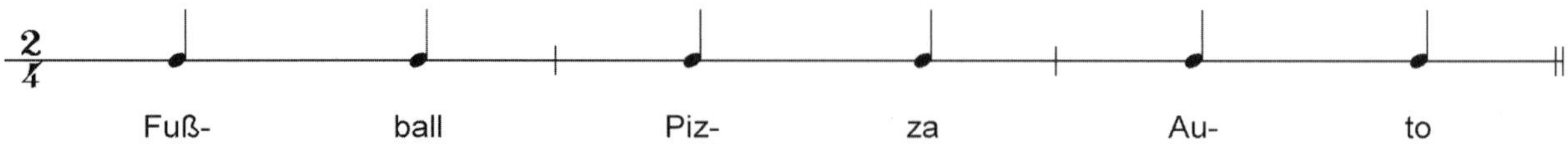

Suche Wörter mit 2 Silben. Schreibe sie in Sil-ben-tren-nung auf und setze Noten darüber.

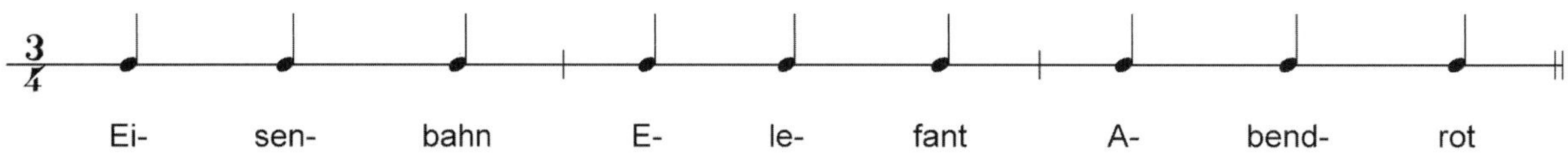

Suche Wörter mit 3 Silben. Schreibe sie in Sil-ben-tren-nung auf und setze Noten darüber.

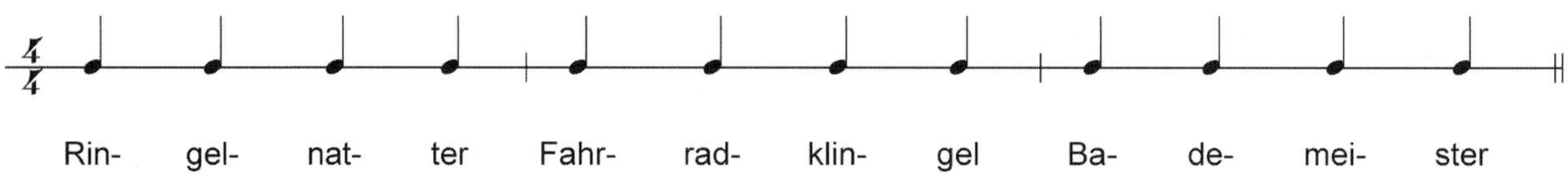

Suche Wörter mit 4 Silben. Schreibe sie in Sil-ben-tren-nung auf und setze Noten darüber.

Merke:
Betonst du die Grundschläge in regelmäßigen Abständen, so entsteht ein **Takt.**
Betonst du jeden ersten von **zwei** Metrumschlägen, so entsteht der **2er-Takt.**
Betonst du jeden ersten von **drei** Metrumschlägen, so entsteht der **3er-Takt.**
Betonst du jeden ersten von **vier** Metrumschlägen, so entsteht der **4er-Takt.**

12. Ein Mitspielsatz – *Wolfgang Amadeus Mozarts „Kleine Nachtmusik"*

Vorbemerkungen:
Dies ist ein Hit, der sogar bei Handy-Klingeltönen zu finden ist. Der Anfang des Musikstücks kann auf Rhythmusinstrumenten mitgespielt werden.
Damit verbunden ist eine Einführung in das Lesen und Spielen einfacher Partituren.

Partitur: Alle Stimmen eines Liedes oder eines Musikstücks sind untereinander angeordnet. Gleichzeitig Erklingendes steht senkrecht untereinander. Nacheinander zu spielende Töne sind fortlaufend von links nach rechts notiert.
Taktklammer: Beim ersten Mal wird das gespielt, was unter der Klammer 1 steht, beim zweiten Mal nur das, was unter der Klammer 2 steht.

Methodische Tipps	**Zeit**	**Medien**
Hören und Erzählen		
• S hören den Anfang der „Kleinen Nachtmusik" von W. A. Mozart. • Sie berichten über ihre Kenntnisse zu dem Musikstück (Klingelton, Werbemusik) und evtl. über den Komponisten. • L ergänzt ggf. und erzählt über dessen Leben als Wunderkind, über Konzert-Reisen durch Europa im Grundschulalter usw.	5	TB 41
Verfolgen der Notation und Musizieren		
• L zeigt die Mitspielpartitur und lässt die Takte 1 und 2 klatschen. • S suchen weitere Takte mit demselben rhythmischen Muster (Lösung: Takte 3 und 4, 11 und 12). • L weist auf drei Notenzeilen hin. • S vermuten, dass verschiedene Instrumente oder verschiedene Lautstärken zum Einsatz kommen sollen. • L lässt den Takt 5 musizieren. • S suchen dieses rhythmische Muster in weiteren Takten (Lösung: in den Takten 6, 7, 8 und 13).	20	AB 38
Hören		
• S hören nochmals den Anfang des Musikstücks. • Sie verteilen die Instrumente auf die Takte unter Berücksichtigung der Lautstärkeangaben.	10	TB 41 AB 38
Musizieren		
• S musizieren das Mitspielstück ohne das Original. • Sie musizieren mit dem Original. • Ggf. werden Korrekturen am eigenen Spiel vorgenommen: Lautstärke, Instrumentenverteilung.	10	TB 41 AB 38

AB 38

TB 41

Mitspielsatz zu Mozarts

„Kleiner Nachmusik“

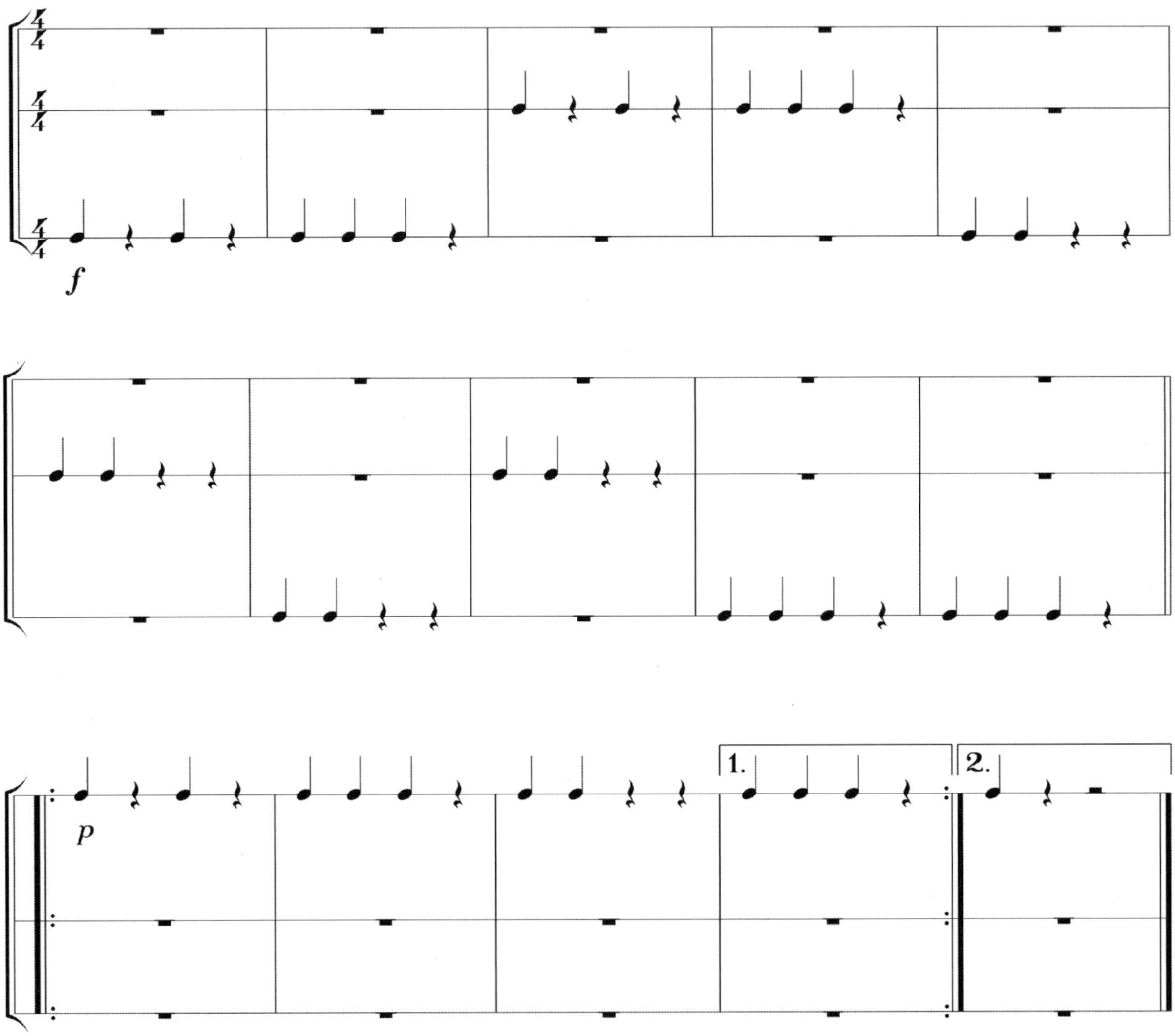

B Jahrespläne

Jahrespläne der Klassen 1 und 2

Anmerkungen
Die Themen der Jahrespläne sind zeitlich so verteilt, dass jeweils von Ferien zu Ferien geplant werden kann. Inhaltlich orientieren sie sich an den musikalischen Umgangsweisen
- Sich bewegen und tanzen
- Singen und Lieder begleiten
- Musizieren auf Instrumenten
- Hören und Untersuchen von Musik
- Notieren und Spielen

Es wird ferner davon ausgegangen, dass pro Woche eine Unterrichtsstunde für das Fach Musik zur Verfügung steht. Pro Jahr wird mit 32 Stunden gerechnet.

Jahresplan Musik für die Klasse 1

	Sich bewegen	Singen	Musizieren	Hören von Musik	Notieren
Vom Schulanfang bis zu den Herbstferien	8. *Ilse Bilse*	1. *Hört euch die Instrumente an*	1. Tägl. Vor- und Nachklatschen 2. Verschiedene Klänge 5. *Der Herbst ist da*	1. Die Pauke wirbelt	1. Vom Klang zum Schriftbild
Bis zu den Weihnachtsferien	7. *Ein Elefant wollt bummeln gehn*	6. *Ich geh mit meiner Laterne* 7. *Wir sagen euch an den lieben Advent*	1. Tägl. Vor- und Nachklatschen 3. Rhythmus-instrumente kennenlernen	4. Musikhören und malen mit Antonio Vivaldi	2. Taktarten in die Füße nehmen
Bis zu den Osterferien	5. *Imse Wimse Spinne*	8. *Auf der Mauer, auf der Lauer*	1. Tägl. Vor- und Nachklatschen 4. *Was die Instrumente sagen*	5. *„Der Hummelflug“* – eine Szene aus der Märchenoper	3. Wörter betonen und Taktarten finden
Bis zu den Sommerferien	10. *Der Katzentatzentanz*	2. *Der Frosch zog Hemd und Hose an*	1. Tägl. Vor- und Nachklatschen 6. *Die Maus niest* – eine Klanggeschichte	7. Das Spiel der Wellen – *„Das Aquarium“ („Karneval der Tiere“)*	4. Tiernamen – grafisch notiert

Jahresplan Musik für die Klasse 2

	Sich bewegen	Singen	Musizieren	Hören von Musik	Notieren
Vom Schulanfang bis zu den Herbstferien	1. *Wir gehen jetzt im Kreise* – ein Bewegungslied 4. Zwanzig Zwerge	1. *Hört euch die Instrumente an*	7. *Der Stein* 8. Spiele mit Rhythmusinstrumenten 9. Wir ordnen Rhythmusinstrumente	3. Saitenspiel – Kennenlernen von Zupf- und Streichinstrumenten	5. Mitspielstücke in grafischer Notation 6. Einführung in den Umgang mit Lautstärken
Bis zu den Weihnachtsferien	3. *Zwei lange Schlangen* 2. *Das wilde Tier*	5. *Hurra, es schneit*	10. Erste Begegnung mit Boomwhackers 17. *Lasst uns froh und munter sein*	6. Musik machen mit Trinkhalmen	7. Kennenlernen der rhythmischen Notation 8. Tiernamen – rhythmisch notiert
Bis zu den Osterferien	6. *Bei Müllers hat's gebrannt* 9. *Wer hat die Kekse aus der Dose geklaut?*	3. *Drei Chinesen mit dem Kontrabass*	11. Wahrnehmungs- und Gehörspiele mit Boomwhackers 12. Rhythmusspiele mit Boomwhackers (1) 13. Rhythmusspiele mit Boomwhackers (2)	8. Die musikalische Uhr – Gehörbildung mit *Haydns Sinfonie „Die Uhr“*	9. Rhythmus-Domino 10. Rhythmen für verschiedene Anlässe
Bis zu den Sommerferien	11. Rhythmus belebt 12. *Popcorn* – getanzt	4. *Herr Laut ging mal spazieren*	14. *It's easy* – ein Mitspielsatz mit Boomwhackers zu einem Playback 15. Erste Begegnung mit Stabspielen 16. Praktischer Umgang mit der Tastatur	2. Eine sinfonische Überraschung – *Haydns „Sinfonie mit dem Paukenschlag“*	11. Spiele mit Taktarten 12. Ein Mitspielsatz zu *Mozarts „Kleiner Nachtmusik“*

C Übergeordnete didaktisch-methodische Hinweise

Singen und Liederarbeitung

Auswahlkriterien von Liedern

- Die Lieder sollten einen kindgemäßen Text haben und die Schüler ansprechen.
- Die Melodie sollte sich leicht einprägen, also nicht zu lang sein, und sich in ihrem Kern im Tonraum von c1 bis c2 bewegen.
- Die Lieder sollten die Möglichkeit bieten, sich ihnen über die Bewegung zu nähern. Alternativ sollten sie eine leichte (rhythmische) Begleitung erlauben.

Stimmbildung

Stimmbildung kann nur einen kleinen Teil des Musikunterrichts einnehmen, wird oft aber völlig vernachlässigt. Die Übungen sollten in vielen Varianten angeboten und möglichst in eine kleine Stimmbildungsgeschichte eingebettet werden. Eine gute Stimmbildung ist die Grundlage für wohlklingenden Gesang.
Stimmbildung in der Grundschule kann nach dem folgenden Muster durchgeführt werden:

- Phase der Körperlockerung: Muskulatur an- und entspannen, Gesichtsgymnastik
- Atemphase: gezielte Zwerchfellatmung, Atemstrom kontrollieren und variieren
- Artikulationsphase: Aussprache trainieren, Tonumfang erweitern, Umgang mit Lautstärke

Wege der Liedvermittlung

Für die Einführung eines Liedes gibt es verschiedene Methoden, die wechselweise angewendet werden sollten.
Vorweg einige Tipps, welche die Liederarbeitung vereinfachen:

- eine ruhige Atmosphäre herstellen, evtl. durch besondere Sitzordnung oder angemessenes Licht
- das Lied alleine vorsingen: die Schüler sollten unbedingt nur zuhören
- die richtige Tonlage wählen und bei der Wiederholung beibehalten; den Anfangston von einem Instrument abnehmen
- bei Liedern mit Refrain zuerst mit dem Refrain beginnen
- kurze, leicht überschaubare Phrasen vorsingen
- Tempo festlegen, einzählen und Einsatz zum Singen geben
- die Tonhöhen mit dem Arm anzeigen
- abwechselnd im Stehen und Sitzen singen

Einstieg

- Der Lehrer spricht über den Singanlass oder stimmt kurz auf das Lied ein.
- Übungen mit Stimmbildungsgeschichte, die thematisch zum Lied hinführt
- Der Lehrer singt das Lied vor oder spielt es von CD ein.

Erarbeitung

- Die Schüler geben den Inhalt des Liedes mit eigenen Worten wieder; der Lehrer erläutert unverständliche Wörter.
- Der Lehrer spricht den Text im Rhythmus zeilenweise vor, die Schüler sprechen ihn nach.
- Der Lehrer singt zeilenweise vor, die Schüler singen nach.
- Lehrer und Schüler visualisieren beim Singen den Tonhöhenverlauf mit den Armen.
- Sie stampfen das Metrum zum Gesang.

- Texthilfen oder passende Bilder können das Erlernen des Textes erleichtern.
- Singen in Gruppen im Wechsel

Übung und Vertiefung
- Singen der Melodie mithilfe eines Playbacks
- Bewegungen zu dem Lied erarbeiten, den Inhalt szenisch darstellen
- neue Strophen erfinden
- schwierige Stellen gezielt mehrfach singen
- Liedbegleitung mit körpereigenen Instrumenten oder Rhythmusinstrumenten
- instrumentales Vor-, Zwischen- oder Nachspiel hinzufügen

Umgang mit Elementarinstrumenten

Unter Elementarinstrumenten werden die drei folgenden Gruppen verstanden:
- Rhythmusinstrumente
- Boomwhackers
- Stabspiele

Einige Tipps für die Vorbereitung auf das Musizieren
- Die Instrumente sollten in einem Schrank oder in Regalen aufbewahrt werden.
- Instrumente sowie Regale sollten mit den Namen der Instrumente beschriftet sein.
- Der Instrumentendienst kann die Instrumente selbstständig holen und ggf. aufbauen.
- Die normale Aufstellung für das Musizieren ist der Stuhlhalbkreis.

Tipps für das Musizieren selbst
- Nach dem Austeilen der Instrumente sollten die Schüler eine kurze Zeit frei spielen dürfen.
- in Spielpausen Schlägel oder ggf. Instrumente ablegen
- Hinweise auf pflegliche Behandlung
- bei Verstoß zeitweises Abgeben des Instrumentes
- Musiziert wird im Halbkreis, damit jeder jeden sehen kann.
- Das gemeinsame Spiel sollte immer mit einem Rhythmusspiel beginnen. Dies funktioniert auch mit Stabspielen, da man hier Rhythmen auf einem oder zwei verabredeten Tönen spielen kann.
- Die Spielanleitungen sollten kurz und präzise sein.
- Variiertes Wiederholen bereits bekannter Grundübungen ist besonders effektiv.
- Regelmäßige Wiederholung der Instrumentennamen und deren Einprägen entlastet den Lehrer bei Ansagen.
- Ggf. kann ein Schüler die Dirigentenfunktion übernehmen.
- Bei Erörterung der Spielergebnisse möglichst ein „Richtig“ oder „Falsch“ vermeiden und stattdessen Anregungen zur Verbesserung geben.

Tipps für die Nachbereitung
- Der Instrumentendienst räumt ordentlich auf.
- Von Zeit zu Zeit sollte der Instrumentenschrank kontrolliert und defekte Instrumente oder Schlägel ausgesondert oder repariert werden. Nur so ist regelmäßiges Musizieren ohne Verdruss möglich.

Auswahl, Spielweisen und Verwendungsmöglichkeiten der Instrumentengruppen werden nun getrennt voneinander dargestellt:

Die Rhythmusinstrumente

Die Auswahl der Instrumente

- Holzinstrumente: Klanghölzer, Holzblocktrommel, Röhrenholztrommel, Guiro, Maracas
- Metallinstrumente: Triangel, Becken, Schellenring, Cabasa
- Fellinstrumente: Handtrommel, Bongos, Pauke
- Mixinstrumente: Maracas, Schellentrommel

Die Spielweisen

- Klanghölzer locker halten, eine Hand bildet eine offene Faust, den Resonanzkörper, auf den ein Klangholz locker gelegt wird
- Holzblocktrommel und Röhrenholztrommel mit Holzschlägeln anschlagen
- Guiro mit Holzschlägel reiben
- Maracas schütteln
- Triangel an kurzem Seil fassen und mit Metallschlägel anschlagen
- Becken mit weichem Schlägel spielen
- Schellenring: mit freier Hand gegen den Ring schlagen
- Cabasa: Ketten in eine Hand legen, mit der anderen den Stiel hin und her drehen
- Handtrommel, Bongos und Schellentrommel: mit den drei mittleren Fingern auf das Fell in der Nähe des Randes schlagen oder mit weichem Schlägel spielen
- Pauke mit großem, weichem Schlägel anschlagen

Die Verwendung (Arbeitsbereiche)

- für rhythmische Spiele im Vor- und Nachmachen
- für freie Improvisationen zu unterschiedlichen Inhalten
- zur Verklanglichung von Texten
- zur rhythmischen Liedbegleitung
- für den Einsatz bei rhythmischen Mitspielsätzen zu Originalmusik

Die Boomwhackers

Auswahl der Instrumente

Die Boomwhackers sind nur in sogenannten Sätzen, also zu mehreren zu haben

- diatonischer Satz: 8 Tonröhren mit den Tönen c1 – d1 – e1 – f1 – g1 – a1 – h1 – c2
- pentatonischer Satz: es fehlen die Töne f1 und h1
- chromatische Ergänzungen: cis1 – dis1 – fis1 – gis1 – b1
- diatonischer Satz: 8 Röhren von c – c1 (= 1 Oktave tiefer)
- Basskappen

Für den Anfang ist der diatonische Satz (c1 – c2) zu empfehlen, dazu einige Basskappen, die den Ton um eine Oktave nach unten versetzen.

Die Spielweisen
- Schlag in die flache Hand
- flacher Schlag auf den Schenkel
- Schlag auf die Schuhspitze
- Schlag auf die Kniescheibe
- Schlag mit einem Finger auf die Röhre
- schneller Schlag zwischen den Schuhen (= Triller)
- Rohr zwischen zwei Fingern drehen und hineinblasen (ergibt Sphärenklänge)

Wichtiger Hinweis: Die dem Körper zugewandte Öffnung des Rohres nicht mit der Hand teilweise verdecken. Der Ton wird sonst tiefer.

Die Verwendung (Arbeitsbereiche)
- zum rhythmischen Spiel (siehe Rhythmusinstrumente)
- zum melodischen Spiel
- zum akkordischen Spiel bei der Dreiklangsbegleitung von Liedern
- zum Musizieren bei Mitspielsätzen zu Originalmusik

Die Stabspiele

Zu den Stabspielen gehören die Glockenspiele, die Xylofone und die Metallofone. Sie bestehen aus einem Resonanzkörper aus Holz sowie aufgelegten Stäben aus Metall oder Holz.

Die Auswahl der Instrumente
Für einen ausgewogenen und angenehmen Klang kann es von Vorteil sein, eine gute Mischung an Instrumenten zu besitzen.
Dazu ist eine genaue Kenntnis der verschiedenen Oktavlagen der Instrumente vonnöten. Man unterscheidet:
- die Diskantlage, tiefster Ton c3 (liegt zwei Oktaven über der Kinderstimme und eine Oktave über der Sopranblockflöte): Diskant-Glockenspiel (Hersteller: Sopran-Glockenspiel)
- die Sopranlage, tiefster Ton c2: Sopran-Glockenspiel (Hersteller: Alt-Glockenspiel), Sopran-Metallofon, Sopran-Xylofon
- die Altlage, tiefster Ton c^1: Alt-Metallofon, Alt-Xylofon
- die Basslage, tiefster Ton c: Bass-Metallofon, Bass-Xylofon
- die Kontrabasslage, tiefster Ton C: gibt es als einzelne Stäbe aus Holz

Entscheidend für einen ausbalancierten Klang ist es, wenigstens ein Altinstrument zu besitzen, am besten ein Altxylofon. Noch besser wäre zusätzlich ein Bassinstrument. Alle übrigen Instrumente kann man nach Belieben miteinander kombinieren. Einige wenige Diskantinstrumente hellen den Klang auf, zu viele lassen ihn schrill erscheinen.

Die Spielweisen
Neben der Verwendung der richtigen Oktavlagen ist die Schlägelhaltung besonders wichtig. Der Schlägel liegt in der Hand wie ein Kochlöffel, der Handrücken zeigt nach oben.

Für die Glockenspiele sind Holzschlägel vorgesehen, für Xylofone und Metallofone Schlägel mit Filzkopf.
Anschlagpunkt ist jeweils die Mitte des Stabes, die nur kurz berührt wird.

Die Verwendung
Am häufigsten werden die Stabspiele zur Dreiklangsbegleitung von Liedern verwendet. Aber auch das Spielen leichter und kurzer Melodien ist möglich.
Daneben werden sie gerne bei der Vertonung von Klanggeschichten eingesetzt.

Entwicklung leichter Liedbegleitungen

Rhythmische Liedbegleitung
Sind Klang und Spielweise von Rhythmusinstrumenten den Schülern bekannt, so können sie auch zur Begleitung von Liedern eingesetzt werden. Die Freude an der Bewegung zu Liedern kann genutzt werden, um Bewegungsimpulse in Spielrhythmen umzulenken.

Einfügen von Rhythmen in Melodiepausen
Wird an geeigneter Stelle eine Pause in die Melodie eingefügt, etwa am Ende einer Zeile, so kann an dieser Stelle ein aus dem Stegreif gespielter Rhythmus hinzugefügt werden. Dieser wird völlig frei oder metrisch, d. h. auf der Basis von Grundschlägen, ausgeführt. Dies ist eine gute Möglichkeit, um Soli einzubauen (Beispiel: *Hört euch die Instrumente an*).

Erfinden eines Rhythmus zur eingespielten Melodie
Die Schüler erfinden zu der von CD oder dem Instrument eingespielten Melodie einen kurzen Begleitrhythmus. Einzelne Rhythmen werden vorgespielt. Ein geeigneter Rhythmus wird ausgewählt und von allen Schülern übernommen. Er wird zum Begleitrhythmus des gesamten Liedes oder einer einzelnen Strophe. Für die übrigen Strophen müssen ggf. weitere Rhythmen erfunden werden. Es ist günstig, die Rhythmen mit Text zu versehen, um sie sich besser merken zu können.

Übernehmen von Standardrhythmen aus dem Repertoire
Es ist im Sinne aufbauenden Unterrichts, erarbeitete Rhythmen schriftlich zu fixieren. Dies kann am Anfang in grafischer Notation (mit Punkt und Strich) geschehen. So können geeignete Begleitrhythmen bei Bedarf abgerufen werden. Ein Poster mit Rhythmen im 2er-, 3er- und 4er-Takt ist auf jeden Fall hilfreich.

Begleitung mit Einzeltönen
Diese Art der Liedbegleitung setzt den erfahrenen Umgang der Schüler mit Boomwhackers und/oder Stabspielen voraus.
Liederbücher enthalten Melodien, die über den Liedzeilen mit Buchstaben für die Liedbegleitung versehen sind. Diese können unmittelbar zur Begleitung benutzt werden. Der Einfachheit halber sollte die Begleitung stets auf der 1. Zählzeit eingesetzt werden, bei Liedern im 4er-Takt ggf. auch auf der 3. Zählzeit.

Begleitung mit Akkorden

Die über den Melodien stehenden Buchstaben bedeuten zugleich Akkorde, d. h. meist Dreiklänge. Diese sind im gewählten Grundrhythmus als Begleitung zu musizieren. In der beigefügten Dreiklangstabelle können die benötigten Buchstaben/Töne abgelesen werden.

5. Ton	g	a	c	d	e	f	a	h	d	e	**fis**
3. Ton	e	**fis**	a	h	**cis**	d	f	g	**b**	c	d
1. Ton	c	d	f	g	a	**b**	d	e	g	a	h
Buchstabe (Grundton)	C	D	F	G	A	B	Dm	Em	Gm	Am	Hm

Die fett gedruckten Buchstaben sind sogenannte „abgeleitete" Töne (= schwarze Tasten auf dem Klavier) und erfordern zweireihige Stabspiele oder die gelegentliche Hinzunahme der Stäbe cis, fis und b.

Die Begleitdreiklänge werden in Blöcken an verschiedene Schülergruppen vergeben (z. B. Gruppe 1: c – e – g; Gruppe 2: f – a – c; Gruppe 3: g – h – d).

Begleitung mit Akkorden in Raster-Notation

Bei der Verwendung der Raster-Notation lassen sich aus den Blöcken Einzelstimmen entwickeln. Im Raster stehen in der ersten Spalte die Buchstaben für die Tonhöhen, während in den Zeilen die zu spielenden Töne für jeden Einzelspieler eingetragen sind, und zwar unabhängig von dem jeweils erklingenden Dreiklang.

	1	2	3	4	1	2	3	4
c	○		○				○	
h					○			
a			○					
g	○				○		○	
f			○					
e	○						○	
d					○			
c	○		○				○	

Beispiele: Aus den Zeilen c und h wird die Stimme: c – c – h – c. Aus den Zeilen a und g wird die Stimme: g – a – g – g usw. Bei der Benutzung von Boomwhackers würde (in fortgeschrittenen Gruppen) ein Spieler mit zwei Röhren musizieren.

Liedbegleitung in melodischer Notation

Das Musizieren nach melodischer (= traditioneller) Notation ist zweifellos die anspruchsvollste Form von Liedbegleitung. Es setzt einen vielfältigen Umgang mit dieser Notationsart voraus, vor allem im Spiel, im Erfinden und Notieren kleiner Melodien. Nur so kann die notwendige Sicherheit für das gemeinsame Musizieren entwickelt werden.

Hinweise zum Tanzen und Bewegen

Die Motivation für Tanz und Bewegung entsteht bei Schülern aus der ursprünglichen Freude am Nachahmen, am Darstellen sowie am gemeinsamen Tun.
Da Bewegung elementares Bedürfnis von Schülern ist, sammeln sie dadurch Erfahrungen und lernen die (Um-)Welt kennen. Bewegung zur Musik beflügelt zudem die Fantasie, wenn sie inhaltlich mit Natur und Technik oder der Märchenwelt verbunden wird.
Bewegung und Tanz kennt zwei Ausprägungen gegensätzlicher Natur: den kreativen Tanz sowie die tradierten Tanzformen.
Kreativer Tanz ergibt sich aus freier Ausdeutung von inhaltlichen Vorgaben seitens der Musik (z. B. N. *Rimsky-Korsakow, Der Hummelflug*) oder aus der Freude an der Weiterführung vorgegebener Bewegungsmuster. Die tradierten Tanzformen sind Bestandteil unserer Kultur und sollten den Schülern in kindgemäßer Form ebenfalls nähergebracht werden. Es handelt sich dabei im Wesentlichen um Formationstänze. Beide Ausprägungen haben eine wichtige Funktion im Unterricht und sollten sich ergänzen.

Aspekte von Bewegung

Die Bewegung zu Musik erfordert eine Koordination des Körpers und ein sensibles Eingehen auf die besonderen Merkmale des Hörbeispiels. Dies sollte in spielerischer Form mit inhaltlichen Angeboten an die Schüler geschehen.
Zugleich aber findet Bewegung in einem definierten Raum statt. Es ist daher die Raumdimension in den Blick zu nehmen und die Bewegung in ihrem Umfang auf den jeweiligen Raum zu beziehen. Die bewusste Bewegungsänderung nach einer bestimmten Anzahl von Schritten kann hier hilfreich sein.
Da aber Bewegung und Tanz im Unterricht nicht isoliert, sondern in der Gruppe oder mit Partner realisiert werden, ist besondere Sorgfalt auf das Miteinander zu legen. Klare Regeln, z. B. im Bezug auf das Berühren der anderen Schüler, sind unabdingbar.

Formationen bei Tanz und Bewegung

Tanz und Bewegung lässt sich in unterschiedlichen Formationen darstellen.
Jüngere Schüler werden zuerst ihren Körper und den Raum erkunden wollen. Dies kann über inhaltliche Vorgaben erreicht werden (Ein Roboter bewegt sich durch die engen Gassen einer Stadt. Sei unterwegs als wilde Hummel! usw.).
Das Tanzen mit einem Partner erfordert das sensible Aufeinandereingehen der Schüler: Geeignet ist eine Spiegelübung, bei der ein Partner eine Figur vormacht und der andere sie imitiert.
Das **Hintereinander** im Bewegungsmuster einer Schlange erfordert bereits eine metrische Grundordnung, in der die beteiligten Schüler sich gemeinsam bewegen: Alle beginnen mit demselben Fuß, bewegen sich in gleicher Geschwindigkeit und fassen sich in derselben Weise an.

Eine geordnete **Reihe** ist nur möglich, wenn die Schüler ihre direkten Nachbarn, aber auch die restlichen Schüler ihrer Reihe im Blick haben. Zugleich wird es notwendig, Schrittfolgen festzulegen, die das Vorwärts-, Rückwärts- und Seitwärts-Gehen regeln.
Das **Tanzen im Kreis** beinhaltet die Schwierigkeit, diese Form in Größe und Gestalt beizubehalten. Dies wird vielfach nur über eine Bodenmarkierung erreicht werden können. Im Stirnkreis (= Blickrichtung zur Kreismitte) kann das Vorwärts- und Rückwärts-Gehen, sowie das Gehen auf der Kreisbahn geübt werden. Der Flankenkreis (= eine Schulter zur Kreismitte) hält als Besonderheit den Richtungswechsel auf der Kreisbahn bereit. Die Bewegungen können mit Schritten in die Kreismitte kombiniert werden, also mit Elementen des Stirnkreises.

Schrittfolgen
Werden bestimmte Schrittfolgen erlernt, so empfehlen sich eindeutige und kurze Tanzkommandos. Sie lauten beispielsweise beim Vorwärts-Gehen: rechts, links, r, l, r, l, r, ran, wobei „ran" das Heranziehen des linken Fußes auf gleiche Höhe mit dem rechten Fuß bedeutet. Bei Seitwärtsbewegungen lauten die Tanzkommandos etwa: r, ran, r, ran. Beim Seitenwechsel wird der letzte Schritt nicht belastet (Tanzkommandos: r, ran, r, ran, r, ran, r, tipp). Der nicht belastete Fuß wird als erster Schritt in die Gegenrichtung benutzt.
Das Vorwärts-Gehen kann mit dem Seitwärts-Gehen kombiniert werden. Beginnt das Vorwärts-Gehen mit rechts, so wird vor dem nach Rechts-Seitwärts-Gehen der linke Fuß an den rechten herangezogen. Soll nach demselben Beginn nach links-seitwärts gegangen werden, so wird der letzte (linke) Schritt nur getippt und dann mit demselben Fuß seitwärts gegangen.

Methodik
Bewegung und Tanz zu Musik wird in der Regel mit dem Anhören der Tanzmusik beginnen. Es können dann erste Versuche unternommen werden, den Formablauf der Musik zu gliedern, sei es durch individuelle Bewegungen der Schüler zur Musik oder durch Handaufzeigen bei Beginn eines neuen Formteils.
Da viele Schüler bei einer Forderung nach Erfindung eigener Tanzfiguren vermutlich überfordert sein werden, empfiehlt sich eine Anregung durch den Lehrer. Oftmals können dann die weiteren Teile durch Vorschläge von Schülern gestaltet werden. Die Endfassung eines Tanzes wird in der Regel eine Gemeinschaftsleistung von Schülern und Lehrer sein.

Notation und wie sie funktioniert

Die didaktische Diskussion, ob Notation im Musikunterricht einen Platz haben sollte, wurde mit Leidenschaft geführt, ist aber inzwischen Vergangenheit.
Einige Argumente gegen die Einführung und Verwendung von Notation im Unterricht lauteten etwa:

- Viele Rock- und Jazzmusiker beherrschen keine Noten und sind trotzdem hervorragende Musiker.
- Wer kein Instrument spielt, benötigt auch keine Notenkenntnisse.

Diese Gegenargumente haben zunächst etwas Faszinierendes, weil sie die Musikpädagogen von der Beschäftigung mit einer als schwierig geltenden Materie entbinden und sie von einer Ausdauer und konzeptionelle Arbeit erfordernden Bürde entlasten.

Warum sollen Schüler aus heutiger Sicht also dennoch Noten lernen?

Dieser Frage nachzugehen bedeutet, zunächst deren Funktion zu bestimmen:

Notation
- ist nie Ausgangspunkt von Musikunterricht und auch kein Selbstzeck.
- sollte im Zusammenhang mit direkter Anwendung gelernt werden.
- bildet den letzten, aber notwendigen Schritt eines Musikunterrichts, der aufbauend organisiert ist.

Was muss also vorausgehen?

Musikunterricht sollte zuerst ausgiebige Musikpraxis sein. Wer Grundschüler beobachtet, der weiß, dass sie zu allererst Bewegung benötigen. Der Umgang mit verschiedenen Bewegungsformen führt in letzter Konsequenz zu Notation. Der Charakter, die Bewegung einer Musik, ist tanzend im Raum abbildbar, im weiteren Verlauf aber auch auf Papier. Diese grafischen Zeichen sind bereits Notation und visualisieren den Gesamtablauf einer Musik.
Auch das Singen von Melodien wird erleichtert, wenn es durch Visualisierung unterstützt wird. Dabei ist es zunächst nicht unbedingt erforderlich, präzise Notenkenntnisse zu besitzen oder zu erwerben. Es genügt, das Ganze gleichzeitig im Blick zu haben und sich auf einzelne Teile beziehen zu können.
Das Musizieren auf Instrumenten sollte selbstverständlich zunächst ohne Noten erfolgen. Beim Umgang mit mehrstimmigen Stücken ergibt sich jedoch irgendwann die Notwendigkeit, sich auf schriftlich Fixiertes zu beziehen. Ein Hinweis auf die Möglichkeit schneller Verständigung über zu übende Details mag dies verdeutlichen.
Auch das Hören von Musik funktioniert ohne Notation. Bei Gesprächen über Gehörtes hilft es jedoch sehr, die Grundzüge von Notation zu kennen, weil sie das bereits Verklungene mit dem gerade zu Hörenden und dem noch Folgenden visuell verknüpft. Das gesamte Hörbeispiel ist vor Augen, obwohl immer nur ein Teil erklingt. Man könnte dies Hör-Notation nennen. Diese bildet ein Musikstück ab in Form von Linien, Pfeilen oder Blöcken. Sie bezieht sich meist auf die Visualisierung einer musikalischen Eigenschaft:
- Die Lautstärke wird dargestellt als <<<< oder ------- oder >>>>.
- Klangfarben werden dargestellt als Felder, die farbig markiert sein können.

Alle Instrumente	Holzbläser	Streicher	Blechbläser

- Formteile werden dargestellt als Felder, die mit Buchstaben markiert sind.

A	B	A	C

Im Folgenden sollen nun vier verschiedene Spiel-Notationen beschrieben werden, die in gewisser Weise aufeinander aufbauen.

1. Grafische Notation

Auf der Basis eines gezielten Umgangs mit Rhythmusinstrumenten werden nach geraumer Zeit Zeichen für Klänge eingeführt. Punkt und Strich werden als grafische Zeichen für kurze und lange Töne genommen.

1	2	3	4	1	2	3	4
○	○	———		○	○	○	P

P = Pause

2. Rhythmische Notation

Die eher abbildenden Zeichen Punkt und Strich werden durch die konventionellen Zeichen für Viertel und Halbe ersetzt. Die rhythmische Notation wird bei rhythmischen Spielübungen, bei der Liedbegleitung sowie beim Mitspielen zu Musikstücken verwendet.

3. Raster-Notation

Für das Musizieren von Melodien und mehrstimmigen Musikstücken wird eine Kombination aus Buchstaben (für die Tonhöhen) und grafischen Zeichen (für die Tonlängen) benötigt. Diese werden in einem Raster zweidimensional dargestellt. Die Schüler übernehmen beim Musizieren jeweils eine Zeile.

	1	2	3	4
c				
h				
a				
g				○
f				
e			○	
d		○		
c	○			

4. Melodische Notation

Der Übergang zur melodischen Notation – unserer gebräuchlichen traditionellen Notenschrift – bedarf der besonders sorgfältigen Planung.

Ausgangspunkt ist die Beschäftigung mit Tastatur und Tastaturbild eines Glockenspiels, wobei ausgiebiges Spiel auf Stabspielen – entweder ohne Noten oder mit Raster-Notation – vorausgegangen sein sollte. Die Schüler wissen also, wie die Töne zueinander liegen.

Die Tastatur wird senkrecht (= tiefe Töne/große Stäbe unten) aufgehängt und mit Notennamen beschriftet. Es werden nun die fünf Notenlinien rechts in Höhe der Tasten waagrecht angefügt. Kleine waagerechte Pfeile können den Zusammenhang zwischen Taste und Notenlinie verdeutlichen.

Die auf der Tastatur stehenden Notennamen werden nun nochmals rechts im Notensystem als Buchstaben eingetragen.

Diese werden dann umkreist und erscheinen als Noten (ohne Hälse). Die Buchstaben werden später weggelassen.

Nach ausgiebigem Musizieren von kleinen Tonfolgen, Liedanfängen u. Ä. wird die Tastatur entfernt und der g-Schlüssel (mit seinem Beginn auf der 2. Linie) eingeführt.

Notation ist demnach ein wichtiger Bestandteil eines Musikunterrichts, der, ausgehend von reichhaltiger Musikpraxis, aufbauend organisiert ist und Nachhaltigkeit anstrebt.

Hören von und Sprechen über Musik

Das Hören von Musik ist eine beliebte Beschäftigung von Kindern. Sie erleben sie emotional und ohne Reflexionsabsichten. Unterricht hingegen zielt in letzter Konsequenz auf eine Anbahnung bewussten Hörens.
In einer etwas vereinfachten Betrachtungsweise hat Musik einerseits einen emotional-inhaltlich-stimmungshaften und andererseits einen formal-strukturellen Aspekt. Beide bedingen einander und sind im einzelnen Werk jeweils unterschiedlich ausgeprägt; mal überwiegen formale, mal inhaltliche Details.
Musikunterricht sollte sich mit beiden Seiten beschäftigen.

1. Kinder verlangen beim Musikhören zu allererst nach einer Aktion. Sie wollen sich zur Musik bewegen oder dazu malen (z. B. *A. Vivaldi: Vier Jahreszeiten, Der Winter*) oder sie erfinden eine passende Geschichte (z. B. eine Gewittergeschichte zu *L. v. Beethovens „Pastorale“*).

2. Darüber hinaus kann das Identifizieren von Instrumenten, besonders wenn diese Eigenschaften Menschen oder Tiere symbolisieren, zu einem deutlichen Erkenntnisgewinn führen (z. B. *S. Prokofieff: „Peter und der Wolf“*).

3. Kinder singen in der Regel gern und erfreuen sich daran, wenn sie Lieder in Instrumentalstücken wieder erkennen (z. B. *J. Haydn: „Sinfonie mit dem Paukenschlag“*).

Dies alles kommt ohne Notation aus. Sobald aber Gespräche über erklungene Musik geführt werden, die über das Benennen von Details hinausgehen, so ist es hilfreich, wenn Erklungenes auf elementare Weise visualisiert wird. Die Hör-Notation befasst sich nicht mit der Darstellung einzelner Noten oder Tonfolgen in rhythmisch-präziser Form, sondern bildet den Verlauf einer Musik grafisch als Linien, Bänder oder Blöcke ab.

Grundschüler werden beim Umgang mit Komponisten und ihren Werken insbesondere diese Aufgabentypen bearbeiten, die auch die Notation einschließen.

- Der Lebenslauf eines Komponisten wird in den Mittelpunkt des Unterrichts gestellt. Günstig für Schüler ist die Beschäftigung mit Mozart, insbesondere wegen seiner Rolle als „Wunderkind“. In diesem Zusammenhang können Ausschnitte aus einzelnen Werken gehört werden, ohne sie näher zu behandeln.
- Der Charakter einer Musik wird thematisiert. Er bietet Anregungen zum Verbalisieren, zum Bewegen, zum Malen und zum szenischen Spiel (*C. Saint-Saëns: „Der Karneval der Tiere“, Das Aquarium*)
- Die Klangabschnitte eines Musikstücks werden grafisch dargestellt. Sie lassen sich farbig markieren, etwa Holzbläser schwarz, Blechbläser gelb usw.

Alle Instrumente	Holzbläser	Streicher	Blechbläser

- Der formale Aufbau eines Musikstücks wird zum Unterrichtsgegenstand (z. B. das Mitspielstück *It's easy*). Es entsteht eine Verlaufspartitur, die aus Buchstaben besteht:

A	A	A	A	B	A	A

- Die Abschnitte eines Musikstücks werden den entsprechenden Notenabschnitten zugeordnet. Die Notenbeispiele werden original dargeboten, es wird aber nur die Bewegungsrichtung der Noten (aufwärts, abwärts, gleichbleibend) und ihre Häufung (viele oder wenige Noten) betrachtet.
- Eine Partitur wird auf bestimmte Details hin befragt. So werden Klangerwartungen geweckt und aufgebaut: Wie viele Instrumente hat der Komponist eingesetzt? Welche Instrumente spielen im ersten Takt? Welche Blechblasinstrumente spielen mit? Welche Instrumente spielen nur zwei Töne? Klatscht die Töne, welche die Klarinette spielt. Welches Instrument spielt im 4. Takt einen Dreiklang? Hier können Bezüge zwischen einzelnen Musikabschnitten hergestellt werden, was ohne Visualisierung schwierig wäre.
- Das Mitspielen zu Musikwerken setzt einige der in Kapitel „Notation – und wie sie funktioniert" erworbenen Kenntnisse voraus. Hier wird die Brücke zur Spiel-Notation betreten, die in den Ausprägungen der grafischen und rhythmischen Notation sowie der Raster- und melodischen Notation vorliegt.
  Das Mitspielen erfordert die ständige Orientierung am Original und schärft so das Ohr für kompositorische Mittel und Zusammenhänge.

Das Hören von Musik sollte in seiner ganzen Breite erlebt werden und zum Handeln anregen. Es würde sich damit deutlich von dem eher rezeptiven Umgang mit musikalischen Werken in Form von Werkbetrachtung unterscheiden.

Leistungsmessung und Leistungsbewertung

Die Leistungsmessung und -bewertung dient den Schülern in erster Linie als Rückmeldung für ihre eigene Einschätzung. Für Lehrer ist sie insbesondere Voraussetzung für gezielte Förderung.
Während die Schüler regelmäßige Rückmeldungen über ihren Leistungsstand benötigen, damit sie sich richtig einzuschätzen lernen, brauchen die Lehrer detaillierte Auskünfte über Leistung und Verhalten der Schüler, damit sie diese gezielt fördern können.
Ein mit den Schülern besprochenes Beurteilungssystem kann aus den Zeichen +, – und 0, aber z. B. auch aus Sternchen oder kurzen schriftlichen Kommentaren bestehen.
Im Musikunterricht können zum Zweck der Leistungsfeststellung außer Beobachtung im Unterricht Aufgabentypen aus den folgenden Umgangsweisen als Grundlage zur Beurteilung dienen:

Sich bewegen zu Musik: Schrittfolgen korrekt ausführen – sich tänzerisch frei bewegen – Grundbegriffe der Tanzformen sachgerecht anwenden – in einer Gruppe eigene Tanzgestaltungen entwerfen und vorführen

Singen und sprechen: ein Lied vorsingen, auch in der Gruppe – ein kleines Motiv nachsingen – einen Liedtext vortragen – Sprechverse und Artikulationsspiele aufsagen und durchführen

Musizieren: körpereigene Instrumente korrekt einsetzen – ein Metrum über eine gewisse Zeitspanne im gleichen Tempo durchhalten – kurze Rhythmen oder Melodien nachspielen – Taktarten beim Musizieren unterscheiden – Kenntnis der Instrumentennamen – korrekte

Handhabung und Spielweise von Instrumenten beherrschen – Rhythmen und Melodien nach (grafischer) Notation spielen – eine Stimme eines Begleitsatzes zum Playback spielen können – ein Instrument bei einer Klanggeschichte sinnvoll einsetzen

Hören und Untersuchen von Musik: Instrumente am Klang erkennen – Höreindrücke mit eigenen Worten beschreiben – eine Melodie am Notenbild mitzeigen – gehörte Musikausschnitte den zugehörigen Noten zuordnen – Erkennen der formalen Struktur einer Musik – eine leichte Partitur erklären – eine Hörpartitur erstellen – Fachbegriffe richtig anwenden

Lebensumstände eines Komponisten: bestimmte Lebensumstände in Zusammenhang mit einem Werk oder einer bestimmten Musikaufführung nennen

Musiklehre: einzelne Noten im Notensystem benennen – leichte Rhythmen in verschiedenen Taktarten nach Diktat schreiben (und spielen) können – eine einfache Partitur in ihrem Aufbau verstehen – Lautstärkebezeichnungen kennen – eine leichte Melodie nach Diktat aufschreiben

Schülerleistungen können im Unterricht gemessen werden durch:
- Beobachtungen des Lehrers: Wie setzen die Schüler die Aufgaben um? – Wie sind die Interaktionen? – Welche Lernfortschritte wurden erzielt?
- Gruppenreflexionen: Wie haben wir die Aufgabe umgesetzt? – Was war gut, was hätten wir besser machen können?
- Selbsteinschätzungen der Schüler
- schriftliche Arbeiten: Bearbeitung von Arbeitsblättern – Erstellung von Plakaten – Heftführung – Lernkontrollen

Bei der Beurteilung von Schülerleistungen zählt zum einen der individuelle Lernfortschritt, bei dem eine Diagnose der Lernausgangslage erforderlich ist. Dieser kann über die verschiedenen Aufgabentypen der Musikpraxis ermittelt werden.
Für die Beurteilung ist ferner der Vergleich mit den Klassenkameraden wichtig. Dieser ist am ehesten feststellbar über das Abrufen von Musikwissen bei schriftlichen Arbeiten.
Störungen des Unterrichts durch Schüler sollten sich in der Regel in den Bemerkungen zum Arbeits- und Sozialverhalten wiederfinden, es sei denn, unter den Störungen leiden auch die fachlichen Leistungen. In diesem Fall ist ein Einbeziehen des Verhaltens in die Musiknote unumgänglich.

D Kleines Musiklexikon

AKKORD	Zusammenklang mehrerer Töne
AKKORDSYMBOLE	Buchstaben über Liedmelodien bezeichnen meist Dreiklänge, z. B. C für c – e – g
ARRANGEMENT	Bearbeitung einer Melodie für mehrere Instrumente und/oder Singstimmen
BOOMWHACKERS	farbige Plastikröhren verschiedener Länge und Tonhöhe für rhythmisches, melodisches und akkordisches Spiel beim Klassenmusizieren
CHROMATIK	zusammenfassender Ausdruck für die Tonfolge c, cis, d, dis, e, f, fis, g, gis, a, ais, h, c
DREIKLANG	besteht aus dem 1., 3. und 5. Ton einer Tonleiter
ELEMENTARES TANZEN	beschäftigt sich mit den grundlegenden Tanzformationen und Schrittarten
ELEMENTAR-INSTRUMENTE	zusammenfassende Bezeichnung für Rhythmusinstrumente, Boomwhackers und Stabspiele
FLANKENKREIS	Tanzformation auf der Kreisbahn mit Blick des Tänzers zum Vordermann; eine Schulter zeigt zur Kreismitte
GANZTON	der Abstand von einer Taste zur übernächsten (schwarze Tasten mit einbeziehen)
g-SCHLÜSSEL	anderer Ausdruck für Violinschlüssel; nimmt seinen Anfang auf der 2. (g-)Linie und legt damit die Reihenfolge der Noten im Notensystem fest
GLOCKENSPIEL	Stabspiel mit Metallstäben; geeignet für die hohen Tonlagen; der Klang ist metallisch-glänzend aufgrund einer anderen Metalllegierung als bei dem Metallofon
GRAFISCHE NOTATION	einfachste Notation, besonders geeignet für Grundschüler, die beginnen, sich mit Notation zu beschäftigen; Notenzeichen: Punkt und Strich
GRUNDRHYTHMUS	ein Rhythmus, der beispielsweise bei der Begleitung eines Liedes durchgehend gespielt wird
GRUNDTON	der erste Ton einer Tonleiter oder eines Dreiklangs
HALBTON	der Abstand von einer Taste zur nächsten
INSTRUMENTENFAMILIE	gebräuchlich z. B. bei Rhythmusinstrumenten; bezeichnet die Gruppen der Fell-, Holz- und Metallinstrumente
KETTE	Tanzformation, bei der die Schüler hintereinanderstehen

MELODISCHE NOTATION	bezeichnet unsere traditionelle Notation, mit der Melodien im 5-Liniensystem aufgezeichnet werden
MELODIERHYTHMUS	jede Melodie besteht aus einer Folge von Tonhöhen, die zugleich mit einem Rhythmus versehen ist
METALLOFON	Stabspiel mit Metallstäben; geeignet für den Einsatz in allen Tonlagen; der Klang ist weich aufgrund einer anderen Metalllegierung als beim Glockenspiel
METRONOM	mechanisches oder elektronisches Gerät, das die Metrumschläge in verschiedenem Tempo anzeigen kann; deshalb auch Tempomesser genannt
METRUM	der Puls in der Musik; Töne mit gleichem zeitlichen Abstand voneinander, ohne Betonung; gleichbedeutend mit Grundschlag oder Gleichschlag
MITSPIELSATZ	Musik aus Klassik oder Pop wird durch leichte Arrangements für Schüler spielbar, d. h. sie spielen einen Grundrhythmus oder einen einfachen Akkordsatz zum Original dazu
NOTENSYSTEM	es besteht aus 5 Linien und 4 Zwischenräumen, jeweils von unten nach oben durchnummeriert; Hilfslinien werden gelegentlich für tiefere oder höhere Töne benötigt
NOTENWERT	anderer Ausdruck für Tondauer
OKTAVLAGE	der hörbare Bereich der Töne vom tiefsten bis zum höchsten ist geordnet nach Oktavlagen; eine Oktavlage umfasst die 12 Töne von c, cis, d, dis, e bis c; da die verschiedenen Oktavlagen immer dieselben Töne aufweisen, werden sie mit Zusatzziffern belegt, z. B. c1, c2, c3 usw.
OSTINATO	ein während eines Musikstücks hartnäckig beibehaltener Grundrhythmus
PARTITUR	die Gesamtheit aller Einzelstimmen eines Musikstücks; alle Töne, die gleichzeitig erklingen, stehen genau untereinander
PENTATONIK	eine Tonleiter aus 5 Tönen, der 6. Ton ist der Oktavton, z. B. c, d, e, g, a, c
RASTER-NOTATION	Kombination aus grafischer Notation (für den Rhythmus) und Buchstaben (für die Tonhöhen)
REIHE	Tanzformation, in der die Schüler auf einer Linie nebeneinanderstehen
RHYTHMUS	entsteht durch Zusammenfügen von langen und kurzen Tondauern zu einer musikalischen Einheit

RHYTHMISCHE NOTATION	wird zur Notation von Rhythmen mit den Zeichen für Viertel, Halbe, Ganze und Achtel benutzt; erwächst aus der grafischen Notation
RONDO	eine musikalische Form, bei der sich eine Hauptmelodie A mit mehreren Nebenmelodien B, C usw. abwechselt; Ablauf: A – B – A – C – A – D – A
STABSPIELE	zusammenfassende Bezeichnung für Glockenspiel, Metallofon und Xylofon
STIRNKREIS	Tanzformation, in der die Schüler auf der Kreisbahn stehen und zum Kreismittelpunkt schauen
TAKT	ist gekennzeichnet durch regelmäßig wiederkehrende Schwerpunkte im Verlauf einer Musik; wird begrenzt durch (senkrechte) Taktstriche
TAKTART	ist jeder zweite Metrumschlag betont, so erhält man einen Zweier-Takt, bei jedem dritten ergibt sich ein Dreier-Takt usw.
TAKTKLAMMER	steht über der Notation einer Stimme und ist mit einer Nummer versehen; beim ersten Mal werden die Noten gesungen oder gespielt, die unter Klammer 1 stehen, bei der Wiederholung nur die Noten unter Klammer 2
TASTATUR	Griff- oder Schlagfläche bei Tasteninstrumenten und Stabspielen; sie besteht in der Regel aus zwei Reihen von Tasten oder Stäben
TONLAGE	siehe Oktavlage
TONLEITER	Die wichtigste Tonleiter ist die Dur-Tonleiter. Sie besteht aus der stufigen Anordnung von 7 Ganzton- bzw. Halbtonschritten. Der 8. Ton hat denselben Namen wie der erste.
TONUMFANG	bezeichnet den Abstand zwischen dem tiefsten und höchsten Ton bei einer Singstimme oder einem Instrument
XYLOFON	Stabspiel mit Holzstäben; in allen Oktavlagen gebräuchlich
ZÄHLZEIT	bezeichnet die Schläge pro Takt, z. B. 4 Zählzeiten im Vierer-Takt, Abkürzung: ZZ

E Verzeichnisse

1. Verzeichnis der Arbeitsblätter und Tonbeispiele

2. Verzeichnis der Abkürzungen

Abkürzung	Bedeutung
AB	Arbeitsblatt
GA	Gruppenarbeit
L	Lehrer
PA	Partnerarbeit
Rh.-Instr.	Rhythmusinstrumente
S	Schüler
TB	Tonbeispiel
ZZ	Zählzeit
Bw.	Boomwhackers